Jilesen/Jülicher

MIT GOTT UNTERWEGS

Martien Jilesen / Jochen Jülicher

MIT GOTT UNTERWEGS

Exerzitien im Alltag

echter

Die Deutsche Bibliothek – CIP-Einheitsaufnahme

Jilesen Martien:
Mit Gott unterwegs : Exerzitien im Alltag /
Martien Jilesen ; Jochen Jülicher. –
Würzburg : Echter, 1995
ISBN 3-429-01739-4
NE: Jülicher, Jochen:

verlags
gruppe
engagement

Umschlag: Ernst Loew
(Fotos: G. Allison/Toni Stone Bilderwelten)
Gesamtherstellung: Echter Würzburg
Fränkische Gesellschaftsdruckerei und Verlag GmbH
ISBN 3-429-017739-4

Inhalt

Einführung

So alltäglich ist es gar nicht, Christ zu sein und zu versuchen, tatsächlich gläubig zu leben, zumal in der heutigen Zeit, in einer Zeit, in der das »Sonntagschristentum« auf dem Rückzug ist. Man hat erkannt, daß es keinen Sinn hat, samstags oder sonntags in die Kirche zu gehen (soweit das überhaupt geschieht) und dann von Montag bis Freitag »normal«, d.h. ohne viel Konsequenzen weiterzuleben. Ebenso ist klargeworden, daß man nicht andauernd hochgespannte Ideale erfüllen kann, um die ewige Nichterfüllung und den damit verbundenen Frust etwa in Form einer Beichte wegzuwischen.
Diese Entwicklung und diese Erkenntnis beinhalten jedoch auch eine Chance zum Umdenken, zum »Hören auf die Zeichen der Zeit«, wie es das Zweite Vatikanische Konzil formuliert hat. Diese Chance sollten wir nutzen. Wir sind davon überzeugt, daß der christliche Glaube, ganz gleich welcher Konfession, nur dann eine reale Lebens- oder gar Überlebenschance hat, wenn es gelingt, ihn im täglichen Leben zu integrieren. Nicht als ein Extra, das »auch noch dazukommt« neben allen möglichen anderen Dingen, die unseren Tag bestimmen und die oft genug zu Hetze oder Streß führen, sondern als eine Art und Weise, in der man im Alltag leben kann. Glaube ist nicht etwas Zusätzliches, sondern er sagt etwas aus über die Qualität und über die Richtung, in der unser Leben tagaus tagein steht.
Wir wollen mit unserem Buch einen Weg aufzeigen, wie man, ganz praktisch und »alltäglich«, Gott ein wenig auf die Spur kommen kann. Wir richten uns damit an Menschen, die überhaupt einmal für sich erfahren möchten, wer oder was »Gott« für sie sein kann; wir richten uns an Menschen, die ihren Glauben neu ent-

decken oder vertiefen wollen; an Menschen, die der Kirche mehr oder weniger den Rücken zugekehrt haben, die aber dennoch »irgendwie« etwas mit ihrem Glauben anfangen oder einen neuen Start wagen wollen; wir richten uns an Menschen, die neue Wege im Christentum suchen.
Vielen Menschen heute bereitet das Wort »Gott« Schwierigkeiten. Sie können gar nichts damit anfangen oder sie denken an einen alten Mann mit Bart, der die Geschicke der Welt regiert; viele haben auch jahrelang mit einem strafenden Gott gelebt, der alles hört und sieht und vor dem man nie sicher ist. Wenn in diesem Buch das Wort »Gott« auftaucht, dann ist damit im Grunde ein anderes Wort für Liebe, Freundschaft gemeint. Gott ist Liebe-in-Person, ist Freundschaft-in-Person. Gott und Liebe sind nicht identisch, aber es gibt keinen anderen Weg, Gott kennenzulernen, als durch Liebe. Darum ist es völlig legitim, wenn Sie beim Lesen dieses Buches das Wort »Gott« konsequent durch »Liebe«, »Freundschaft«, »echtes Leben«, »Wahrheit«, »wirkliche Gerechtigkeit«, »Erbarmen«, »Vertrauen« ersetzen. Es ist übrigens eine äußerst interessante und empfehlenswerte Übung, dies auch einmal bei vertrauten Gebeten, Texten o.ä. zu tun; das kann zu gewaltigen Entdeckungen führen. Jeder, der sich wirklich auf die Liebe (im weitesten Sinne, also inklusiv der hier genannten anderen Worte) einläßt, wird irgendwann merken (oder gemerkt haben), daß diese Liebe nicht etwas ist, was man übersehen und beherrschen kann. Liebe ist etwas, worauf man sich einläßt, mit dem man lebt und umgeht. Die Liebe ist sozusagen nicht »etwas«, sondern »jemand«. Das will das Wort »Gott« ja zum Ausdruck bringen: Die Liebe ist Jemand. Mit diesem »Jemand« gehe ich um, damit lebe ich, höre ich zu. Dieser Jemand ist kein »er« oder »sie«, sondern immer nur »Du«. Ohne Gott definieren oder überhaupt in Worte

fassen zu können, können wir unser Gottesverständnis, unser tastendes Spüren dahingehend bestimmen, daß Gott nicht nur *in* mir ist, sondern mir auch gleichsam gegenübersteht, bildhaft gesprochen als »Person«. Ich kann Gottes »Stimme« (auch das ist ein Bild) in mir vernehmen, aber Gott ist nicht in mir eingeschlossen. Ich habe gleichsam nur eine »Empfangsanlage« in meinem Herzen, die Signale auffangen kann. Dieser Kurs soll – um im Bild zu bleiben – dazu beitragen, die Antenne unseres Empfängers besser zu richten und feiner abzustimmen.

Manchmal machen wir halt auf unserem Lebensweg, wir halten inne, weil wir uns besinnen wollen oder weil ein unerwartetes Ereignis uns dazu nötigt. Es können Fragen entstehen:

- Was soll das Ganze überhaupt, hat es einen Sinn, so zu leben? Ist das denn schon mein Leben?
- In welche Richtung will ich mich weiterentwickeln, welche grundlegenden Entscheidungen stehen jetzt an, wie kann ich mich einigermaßen richtig verhalten in diesem Prozeß?
- Wer bin ich überhaupt, wohin führt mein Weg, wo komme ich eigentlich her?
- Wie kann ich mein Leben sinnvoll gestalten?
- Wer oder was ist »Gott« in meinem Leben?

Dieses Buch will dabei helfen, dieses Innehalten in unser normales, alltägliches Leben zu integrieren und auf diesem Wege praktikable Antworten auf die vielen Fragen, die sich darin stellen, zu finden. Es ist ein Exerzitien-, ein Übungsbuch, das so konzipiert ist, daß es ein Wegweiser für den einzelnen sein kann, der sich mit den genannten Fragen für eine begrenzte Zeit »auf den Weg macht«. Ebenso kann es im Gruppenverband benutzt werden. Nach unseren Erfahrungen ist es empfehlenswert, solch einen Weg nicht alleine zu gehen, aber oft ist es ja so, daß man ganz alleine irgendwo anfängt und vielleicht erst »unterwegs« auch anderen begegnet, die ebenfalls die Hoffnung noch nicht aufgegeben haben, daß es mehr zu entdecken gibt zwischen Himmel und Erde als das, was wir sehen und greifen können.

Der Kurs, auf dem dieses Buch beruht, ist für einen Zeitraum von sieben Wochen konzipiert, wobei jede Woche ein anderes Schwerpunktthema hat. Er besteht aus drei Bausteinen. Der erste und wichtigste Baustein ist die ernsthafte Beschäftigung mit den Tagesimpulsen, die in Form einer Textbetrachtung oder einer Bildmeditation angeboten werden; manchmal sind es auch einfach Besinnungsfragen, mit denen man einen Tag lang unterwegs ist, um am Ende eine Antwort zu formulieren. Der zweite Baustein ist das Gruppentreffen der Teilnehmer, bei dem die Gelegenheit geboten wird, einander etwas von dem zu erzählen, was einen in der Woche davor beschäftigt hat, um dann jeweils das Thema für die kommende Woche vorzustellen und die dazugehörenden Impulse zu erläutern. Anstelle des Gruppentreffens sind hier im Buch die (Tages-)Themen und Impulse zum besseren Verständnis ausführlicher vorgestellt. Der dritte Baustein des Kurses ist das persönliche Begleitgespräch, wozu jeder Kursteilnehmer einmal pro Woche mit einem der Kursleiter Gelegenheit erhält. Dem entsprechen hier im Buch die Wochenreflexion und die darin gestellten Besinnungsfragen. Falls das Buch für einen Gruppenkurs benutzt wird, können diese Fragen auch als Einstieg in das persönliche Begleitgespräch dienen. Entscheidend ist auch hier die eigene Reflexionsarbeit des Teilnehmers, so daß ein Begleitgespräch wohl eine große Hilfe sein kann, aber an sich nicht unbedingt notwendig ist, um mit dem Buch in der Hand weiterzukommen. Wir ver-

stehen uns im Kurs auch eher als »mitgehende« denn als »leitende« Begleiter.
Es geht darum, den eigenen Lebensweg zu entdecken. Gott wird dort sichtbar, wo Menschen authentisch zu leben versuchen, wo sie ihr Leben ernst nehmen und wo sie sich Entscheidungen nicht aus der Hand nehmen lassen, sondern diese ganz bewußt nach ihrer persönlichen Überzeugung treffen.
Am Ende der Impulse für die jeweilige Woche finden Sie ein Gebet. Dieses können Sie auch schon zu jedem einzelnen Tag hinzunehmen, vielleicht ab und zu einmal durchlesen oder leise für sich sprechen. Es ist thematisch ganz auf den Inhalt der Woche abgestimmt und dient zur Unterstützung des inneren Dialogs.
Sie können sich also mit diesem Übungsbuch alleine auf den Weg machen oder mit Ihrem Partner bzw. Ihrer Partnerin, mit Ihren Freunden oder in einer Gruppe von für Sie weniger bekannten Leuten. Sie werden im Laufe der Zeit merken, daß sich ganz langsam etwas in Ihrem alltäglichen Leben zu ändern beginnt, daß Sie vielleicht etwas ruhiger werden, überzeugter von dem, was Sie tun; daß Sie kleine und größere Entscheidungen bewußter treffen, daß Sie überhaupt bewußter und intensiver leben. Fast unmerklich wird dies auch Einfluß auf Ihre Umgebung haben. Wenn man sich, wie auch immer, mit Gott einläßt, dann kann es einem ergehen wie dem (biblischen) Samenkorn, das, in die Erde gesenkt, langsam wächst, ohne daß man genau weiß, wie. Nach einer gewissen Zeit kommt ein zartes Pflänzchen an den Tag, es wird robuster und wirft seine Früchte ab. Entsprechend ist dieser Kurs nur der Anfang, gleichsam eine Anleitung zum Säen und zur Pflege.
Dieses Übungsbuch ist eine kleine Schule des Betens im Alltag. Das heißt nicht, daß Sie am Ende ein unheimlich frommer Mensch sein werden, der gleichsam aus jedem Knopfloch nach Weihrauch duftet. Beten im

Alltag heißt einfach: Alles, was ich tue oder lasse, versuche ich in Kontakt mit Gott zu bringen. Es kann durchaus sein, daß man sich dann hinkniet oder die Hände faltet, aber das ist gar nicht entscheidend. Es geht eher um ein permanentes Bewußtsein, ein Dabei-Sein, ein »Im-Leben-bei–den-Dingen-Sein«, mit anderen Worten: eine Lebenshaltung, in der ich mit meinem Leben ernst mache. Das erfordert ein wenig Übung, aber nicht die Übungen selbst sind wichtig, sondern das, worauf sie hinwirken.

Was Sie brauchen:
Jeden Tag ein paar Minuten Zeit, insgesamt etwa eine halbe Stunde, verteilt auf etwa fünf bis zehn Minuten morgens und etwa fünfzehn bis zwanzig Minuten abends. Wenn Sie sich als Gruppe auf den Weg machen, kommt das wöchentliche Gruppentreffen hinzu (nach unserer Erfahrung reichen ca. eineinhalb Stunden aus) und, wenn möglich, ein persönliches Begleitgespräch. Dafür eine Zeit festzusetzen ist etwas schwierig; unsere Erfahrungswerte liegen zwischen einer halben und einer ganzen Stunde pro Woche. Falls Sie sich mit diesem Buch allein auf den Weg machen, sollten Sie sich anstelle der Gruppen- und Einzelgespräche etwa eine Stunde wöchentlich extra für eine eingehende Rückbesinnung reservieren. Hierzu finden Sie, wie oben erwähnt, am Ende eines jeden Kapitels eine Anleitung zur Wochenreflexion mit einigen Besinnungsfragen.
Wichtig ist, daß Sie bereit sind, ehrlich zu sein vor sich selbst und vor anderen. In der für die Übungen reservierten Zeit ist Stille nötig, sie müssen dafür sorgen, daß Sie diese Zeit ganz für sich selbst haben. Wenn Sie sich dafür eine »stille Ecke« im Hause oder in der Wohnung schaffen können, kann dies eine Hilfe sein, aber es ist sicher nicht unbedingt notwendig, eigens dafür etwas einzurichten. Einige Kursteilnehmer haben uns

berichtet, daß sie nach einer anfänglichen Einübungsphase vielfach die alltäglichen Situationen des Alleinseins für die Beschäftigung mit den Impulsen nutzen konnten, z. B. während einer etwas längeren Autofahrt (wobei die Konzentration auf den Verkehr selbstverständlich gewahrt bleiben muß...), beim Bügeln im Haushalt oder während eines Spaziergangs. Dies kann nach einer anfänglichen, vielleicht etwas »strengeren« Einübungszeit durchaus ein guter Weg sein.

Entscheidend für das Fortschreiten ist die regelmäßige Reflexion. Sie ist eine Art »geistliches Tagebuch« während des Kurses. Es hat sich als gut erwiesen, dafür ein eigenes Heft anzulegen, so daß Sie nach einiger Zeit auch mal auf Ihren eigenen Werdegang zurückschauen können. Falls Sie diesen Kurs in einer Gruppe und mit persönlicher Begleitung erleben, bilden Ihre Reflexionen die Grundlage für das Begleitgespräch.

Natürlich kann es passieren, daß ein Tag einmal so voll ist, daß für die Beschäftigung mit dem Kurs wirklich keine Zeit bleibt. Die Erfahrung hat uns gelehrt, daß dies an sich kein Problem ist, vorausgesetzt, man ist entschlossen, am Tag danach den Leitfaden wieder aufzunehmen. Wenn sich im Laufe der Zeit ein mehr oder weniger festes Regelmaß entwickelt hat, wird der Spielraum für »Zwischenfälle« größer. Die einzelnen Übungen sind überdies so konzipiert, das Sie ruhig einmal eine Übung überschlagen können oder eine Übung, die Ihnen besonders zugesagt hat, mehrfach halten können. Auch die angesetzte Zeit von sieben Wochen ist nicht verpflichtend. Es ist durchaus möglich, daß man die Übungen auf einen Zeitraum von acht oder zehn Wochen ausdehnt. Umgekehrt ist es möglich, durch bewußtes Überschlagen den Kurs auf fünf oder sechs Wochen zu reduzieren. Dies alles liegt im eigenen Ermessen, der »Erfolg« des Kurses hängt vielmehr davon ab, inwieweit man sich innerlich auf das einläßt, was an

Impulsen geboten wird. Veränderungen im Tagesablauf, in der eigenen Lebenshaltung usw. sind eine Folge dessen, daß man sich wirklich »auf den Weg« gemacht hat. So wie jemand, der verliebt ist, fast automatisch seinen Tag anders einrichtet, so wird es auf die Dauer auch den Leserinnen und Lesern ergehen, die mit Gott unterwegs sind im Alltag.

I. Die erste Woche: Die eigene Form finden. Zeit – Ort – Haltung

Hinführung: Sich einlassen

Wir stechen in See: Sie, der Leser/die Leserin dieses Buches, die Teilnehmer(innen) in der Gruppe, einschließlich ihrer Begleiter; und natürlich wir, die Autoren dieses Buches, wenn auch die Verbindung zwischen uns darin besteht, daß wir Ihnen von unseren vorher gemachten Erfahrungen berichten. Unterwegs sind wir alle, immer noch. Dag Hammarskjöld, der von 1953 bis zu seinem Tod 1961 Generalsekretär der Vereinten Nationen war, hat einmal gesagt: »In der Schule des Glaubens bleibt man immer in der ersten Klasse.«

Wenn wir »mit Gott unterwegs« sein wollen, dann müssen wir uns erst einmal auf den Weg machen, ganz konkret mit etwas anfangen. Sich einlassen auf diesen Weg, vielleicht auch nur zögernd und mit Zweifeln im Herzen, ist ein Abenteuer. Es kann zu einem echten »Exodus« (Auszug) werden, bei dem sich im Leben nach und nach alles ändert und dessen Ende nicht voraussehbar ist. Möglicherweise wird es »Durststrecken« geben, ebenso Oasen mitten in der Wüste und dort, wo man es gar nicht erwartet. Wie dem auch sei: Wenn ich mich wirklich auf etwas oder auf jemanden einlasse, dann ist das Ende immer offen.

Um eventuelle schwierige Momente durchzustehen, ist es gut, mit sich selbst (evtl. mit den Gruppenteilnehmern) abzusprechen, daß man sich für diese (begrenzte) Zeit von ca. sieben Wochen auf das einlassen will, was unterwegs geschieht, und daß man nicht zwischenzeitlich aufgibt. *Nach* der verabredeten Zeit kann man im-

mer noch selbst entscheiden, ob und wie man weitergehen möchte. Wichtig ist, sich einfach mal mitnehmen zu lassen. Wir kommen nie an unbekannte Orte, wenn wir nur bekannte Wege gehen.
Klären Sie mit sich selbst ab: Für diese sieben Wochen lasse ich mich auf das ein, was sich im Kurs und beim Lesen ergibt. Ich treffe selbst meine Entscheidungen und ich entscheide selbst, wem ich und was ich davon erzähle, aber ich möchte neue Wege gehen, und damit fange ich an – jetzt.

Zeit – Ort – Haltung

Sie bekommen für jeden Tag einen Impuls in der Form eines Textes, einer Meditationsvorlage oder einer Frage zum Nachdenken. Jetzt, am Anfang, erfordert dies vielleicht etwas mehr Einübungszeit, aber auf die Dauer gewöhnt man sich sehr leicht daran.
Nehmen Sie sich jeden Morgen etwa fünf bis zehn Minuten Zeit und abends noch einmal fünfzehn bis zwanzig Minuten. Wenn Sie tagsüber die Gelegenheit dazu haben, reservieren Sie ruhig fünf bis zehn Minuten, etwa während der Mittagspause. Holen Sie im Laufe des Tages des öfteren in Gedanken den Tagesimpuls hervor und verbinden Sie ihn mit den verschiedenen Situationen, die Sie erleben. Wenn Ihnen beispielsweise aus der morgendlichen Besinnung auf einen Text der Satz »Gott liebt den Menschen« aufgefallen ist und Sie erleben an Ihrer Arbeitsstelle einen heftigen Krach mit Ihrem Mitarbeiter oder Ihrem Chef, dann lassen Sie diesen Impuls »Gott liebt den Menschen« einmal an diese Situation heran und nehmen Sie wahr, wie Ihnen dabei zumute ist. Wichtig ist am Ende der abendlichen Besinnungszeit eine – am besten schriftliche – Reflexion auf das, was Sie im Zusammenhang mit dem Tagesimpuls erlebt haben. Das Wort »Reflexion« bedeutet wörtlich »Zurückbeugen«, d.h. man beugt sich noch einmal zurück, um

den Tag (oder eine andere Periode) vom jetzigen Standpunkt aus zu überschauen. Das, was einem dabei wichtig erscheint, schreibt man auf, um es festzuhalten und nach einiger Zeit erneut zu betrachten. So werden Grundstrukturen, Wiederholungen, Zusammenhänge im Alltag sichtbar, Dinge, die uns ansonsten verborgen blieben. Das genau ist der Sinn der Reflexion: Dinge bewußter wahrzunehmen und zu unterscheiden, ob sie für uns wichtig und bestimmend sind oder nicht.
Die *Zeit*, die Sie für die Übungen nutzen wollen, sollten Sie am besten soweit wie möglich im voraus festlegen, so daß sie nicht von Stimmungen, Umständen oder von der »Tagesform« abhängig werden. Wählen Sie bitte eine Zeit, in der Sie wirklich allein für sich sind und in der es keine Unterbrechungen gibt. Stellen Sie das Radio, den CD-Spieler oder den Fernseher aus, schalten Sie, wenn möglich, das Telefon auf den Anrufbeantworter, bitten Sie Ihre Kinder um Ruhe oder kleben Sie einen Zettel an Ihre Türe: Bitte jetzt nicht stören. – Einfach mal Ruhe, Stille, nur für sich, diese paar Minuten am Tag.
Wählen Sie den *Ort* für Ihre Betrachtung sorgfältig aus. Eine Kerze, eine Vase mit Blumen o.ä. sind Dinge, die eine Einstimmung erleichtern können. Manche kommen in ihrem Wohnzimmer zur Ruhe, andere können sich gerade hinter dem Schreibtisch am besten konzentrieren, wieder andere suchen vielleicht einen Gebetsraum oder eine Kirche auf. Die Wahl des Ortes ist nicht zufällig, aber entscheidend ist, daß Sie ganz bei sich sein können.
Ein dritter wichtiger Punkt für die Übungen, neben der Zeit und dem Ort, ist die *Körperhaltung*. Sie sollte so sein, daß Sie sich gut entspannen und konzentrieren können. Eine bewährte Haltung ist der aufrechte Sitz auf einem geraden Stuhl. Möglich ist auch ein gut gepolsterter Sessel (vorausgesetzt, man »versinkt« nicht in

ihm); manche empfehlen das Sitzen im Schneidersitz auf einer Matte oder einem Kissen. Weniger empfehlenswert ist das Liegen auf dem Bett: Dies mag zwar sehr entspannend sein, aber es könnte leicht dazu führen, daß die Entspannung unbemerkt in den Schlaf übergeht. Wenn Sie übrigens auch bei anderen entspannten Körperhaltungen einschlafen oder immer wieder einnicken, dann ist dies ein Zeichen dafür, daß Sie körperlich und geistig übermüdet sind und sich vielleicht erst einmal ausruhen müssen, bevor Sie sich wirklich auf etwas Neues einlassen können. Probieren Sie ruhig einmal verschiedene Haltungen aus, bis Sie sich für eine entscheiden. Es ist gut, wenn Sie während der Übung Ihre Körperhaltung nicht zu wechseln brauchen.

Vielleicht kommen Sie sich anfangs ein wenig komisch vor, wenn Sie so nachdrücklich Zeit, Ort und Haltung bestimmen. Da ist es vielleicht gut zu wissen, daß außer Ihnen schon eine ganze Reihe von Leuten dasselbe gemacht hat. Der Vorteil eines Gruppenkurses ist es, daß man ganz genau weiß, wer auch noch am selben Tag mit denselben Dingen zu tun hat. Vertrauen Sie darauf: In spätestens anderthalb Wochen haben Sie sich an das »Neue« gewöhnt!

In der ersten Woche geht es neben der Wahl der richtigen Zeit, des richtigen Ortes und der für Sie richtigen Körperhaltung auch darum, in den Besinnungszeiten verschiedene Methoden und Inhalte auszuprobieren, wie z.B. Text- und Bildmeditation oder naturale Symbolik, so daß Sie am Ende der Woche auch vergleichen können, was Ihnen am ehesten liegt.

1. Tag: Körperentspannung

Um sich auf eine Übung, einen Impuls, einzustimmen, ist es wichtig, sich soweit wie möglich zu entspannen und still zu werden. Der erste Tag dient zu nichts anderem, als sich darin einzuüben. Die Körperentspannung soll fortan vor jeder Übungszeit stehen. Auch die Gruppentreffen sollten mit einer Entspannungsübung beginnen. Sie werden innerhalb kurzer Zeit merken, daß das Entspannen der einzelnen Körperteile in nur wenigen Augenblicken von selbst abläuft. Vor allem wenn Sie vielleicht einmal sehr angespannt oder gar gestreßt sind und kaum Zeit und Gelegenheit zum Abschalten und zur Konzentration auf den Tagesimpuls haben, ist es sehr empfehlenswert, erst einmal mit der Körperentspannung anzufangen und sich nicht sofort auf den Inhalt zu konzentrieren. Dies kann damit beginnen, daß Sie Ihre Anspannung als solche wahrnehmen und sich dann, wenn möglich, kurzzeitig entspannen.

Setzen Sie sich möglichst gerade hin, und zwar so, daß Sie das Gefühl haben, Ihren Platz ganz einzunehmen. Noch ein Tip: Für manchen ist es ein nützliches Hilfsmittel, am Anfang der Übung einen Schreibblock neben sich liegen zu haben, auf den man Gedanken aufschreibt, die einen einfach nicht loslassen wollen oder die man nicht vergessen will, weil z.B. noch etwas Wichtiges zu erledigen ist. Indem man diese Gedanken kurz mit einem Wort notiert, kann man sie leichter loslassen. (Die nun folgenden Instruktionen werden in der Ich-Form gegeben:)

Meine Hände ruhen auf den Oberschenkeln. Meine Füße stehen leicht angewinkelt flach auf dem Boden, ich habe »Bodenkontakt«. Meinen Kopf halte ich gerade, die Augen sind geschlossen oder leicht geöffnet, auf einen Punkt etwa einen Meter vor mir am Boden gerichtet. Ich nehme wahr, wie ich atme, ganz ruhig, im Rhythmus, einatmen, ausatmen. Ich höre einfach meinem Atmen zu: Es atmet in mir.

Dann versuche ich, jedesmal beim Ausatmen einen

Körperteil ausdrücklich zu entspannen, von oben bis unten. Ich fange mit dem Kopf an. Beim Ausatmen versuche ich, die Kopfhaut zu entspannen, dann die Gesichtsmuskeln, den Hals und den Nacken. Es geht weiter, jeweils beim Ausatmen: die Schultern, die Arme, die Hände; den Rücken, die Brust, den Bauch, das Gesäß, die Oberschenkel, die Waden, die Füße – einatmen und beim Ausatmen entspannen, bis sich die Entspannung über den ganzen Körper ausdehnt. Wenn ich Widerstände und Spannungen in meinem Körper spüre, dann versuche ich sie mit dem Atem wegebben zu lassen. Geräusche, die ich höre, Lärm auf der Straße, das alles darf da sein, es stört mich nicht.
Wenn ich einigermaßen entspannt bin, beobachte ich gleichsam mein Inneres. Meine Gedanken, meine Gefühle, alles darf da sein, aber nichts nimmt mich jetzt für sich in Beschlag. Ich bin ganz bei mir. Was in mir ist, versuche ich nicht zu unterdrücken, ich lasse mich auch nicht darauf ein, ich nehme es nur zur Kenntnis. Es ist, als ob ich mitten in einem Strom stehen würde, in dem vieles auf mich zukommt. Ich nehme es wahr und lasse es vorbeiziehen.
An diesem Tag, an dem ich nur diese Übung trainieren will, öffne ich am Ende nach etwa ein bis zwei Minuten der völligen Entspannung die Augen, ich hole mich gleichsam zurück in die Realität, schaue mich ein wenig um, recke meine Glieder einmal kurz und fühle mich entspannt und wohl.
Wenn die Körperentspannungsübung – wie in den folgenden Tagen und Wochen – die Vorstufe für die Meditation ist, richte ich am Ende der Übung meine ganze Aufmerksamkeit auf den Inhalt der Meditation: den Text, die Frage, das Bild, den Gegenstand.
Versuchen Sie diese Entspannungsübung am ersten Tag einige Male. Sie werden feststellen, daß es manchmal besser geht und manchmal nur recht schwierig. Mit der

Zeit werden Sie zu einem gleichmäßigen Rhythmus finden. Wenn sie diese Entspannungsübung jedesmal an den Anfang Ihrer stillen Zeit stellen, wird Ihr Körper sich auf die Dauer so darauf einrichten, daß er sich beim Einnehmen der Haltung schon fast von selbst entspannt.
Schreiben Sie am Ende des Tages Ihre Erfahrungen mit dieser Übung auf: Haben Sie sich entspannen können? Gab es vielleicht Dinge, die Ihnen dabei im Wege standen? Welche? Was waren die positiven Effekte der Übung?

2. Tag: Hinhören

Am zweiten Tag geht es darum, einmal ganz nüchtern nachzudenken über das, was einen am echten Zuhören/Hinhören hindert. Bitte behalten Sie die Entspannungsübung als Einstieg bei, auch wenn der Übergang von dort zu einer eher nüchternen Denkaufgabe zunächst etwas befremdlich erscheinen mag.
Stellen Sie sich nun die Frage: Was hindert mich am meisten daran, richtig zuzuhören? Verweilen Sie bei dieser Frage und lassen Sie die Antworten aus Ihrem Innern hochsteigen. Merken Sie sich die Antworten, wenn Sie diese Übung abschließen.
Lassen Sie sich von dieser Frage den ganzen Tag über begleiten und stellen Sie sich die Frage in den verschiedenen Situationen.
Vergleichen Sie am Abend (oder im Verlaufe des Tages) Ihre Hinderungsgründe mit der folgenden Liste. Vielleicht entdecken Sie darin noch zusätzliche Gründe, die für Sie zutreffen.

– Ich bin mit etwas beschäftigt, was davor war oder danach kommen wird.

- Ich ärgere mich über mich selbst.
- Mein Körper bleibt immer in Bewegung.
- Die Atmosphäre im Raum/in der Wohnung stört mich.
- Ich mag mein Gegenüber nicht.
- Die Kinder oder die anderen Leute im Haus machen zuviel Krach.
- Ich will mich nicht wirklich öffnen.
- Ich nehme mir nicht ausreichend Zeit.
- Bei mir läuft immer das Radio.
- Was ich selbst finde, ist mir eigentlich wichtiger, als was ein anderer sagt.
- Was ich höre, langweilt mich.
- Ich kann oder will den anderen, der mir etwas sagt, nicht wirklich ernst nehmen.
- Ich muß gleichzeitig noch auf andere Dinge achten.
- Meine Gedanken drehen sich im Kopf herum, ich kann mich nicht konzentrieren.
- Immer, wenn ich wirklich still werde, komme ich auf alle möglichen Ideen.
- Ich habe dem anderen gegenüber Vorurteile.
- Ich habe keine Ruhe in mir selbst.
- Ich habe Angst vor der Stille.
- Das Aussehen des anderen oder seine Art zu reden stören mich.
- Ich fürchte, daß der andere mich verletzt mit dem, was er mir sagt.
- Ich will einfach besser sein als der andere.
- Ich fühle mich überfordert, wenn ich jetzt auch noch richtig hinhören soll.
- Mir hört doch auch keiner zu.
- Ich warte jeden Moment auf eine Unterbrechung, gleich geht sicher das Telefon, oder es steht jemand vor der Tür, oder jemand anders will etwas von mir.
- Schon als Kind war mir Hinhören ein Greuel.
- ...

Die Auswertung dieser Liste bleibt Ihnen selbstverständlich selbst überlassen. Sie dient nur dazu, ein paar Ursachen dafür aufzuspüren, warum uns das Zuhören und Hinhören manchmal schwerfällt. Wenn Sie wollen, können Sie die von Ihnen angekreuzten Sätze auch in eine Rangordnung bringen, indem Sie sie noch einmal auf einen Zettel schreiben und dabei das Wichtigste als erstes, das Zweitwichtigste als zweites etc. aufschreiben. Erwarten Sie nicht, daß dieses Bewußtwerden schon bedeutet, daß Sie alles sofort ändern können (falls Sie das überhaupt wollen). Es ist schon eine Menge wert, wenn man sich manches erst einmal eingesteht und sich vielleicht ab und zu dabei ertappt, wenn man weghört, obwohl man augenscheinlich zuhört...

3. Tag: Meditatives Beten

Heute machen Sie mit einer anderen Art des Stillstehens im Alltag Bekanntschaft: mit dem meditativen Beten eines Gebetstextes. Wir haben hierfür das Urgebet der Christen ausgewählt, ein überaus bekanntes Gebet, das Vaterunser. Es geht dabei nicht um eine Übung in Frömmigkeit oder um das Aufsagen von bestimmten Sätzen. Auch wollen wir damit nicht auf die Frage eingehen, ob Sie sich leicht oder schwer oder gar nicht in solch ein Gebet einfinden können. Entscheidend ist, was in Ihnen selbst dabei vor sich geht, ob und wohin Sie sich mitnehmen lassen können.
Entspannen Sie sich zu Anfang mit der Entspannungsübung, die Sie am ersten Tag kennengelernt haben. Die weiteren Instruktionen erfolgen jetzt wiederum in der Ich-Form:
Ich versuche mich auf dieses Gebet, das über so viele Jahrhunderte Menschen begleitet hat, einzulassen. Ganz einfach und ganz langsam spreche ich die Worte

nach, lasse sie leise für mich in meinem Innern erklingen. Ich spüre, welche Vorstellungen und Gefühle sie in mir wecken, wo meine Widerstände liegen, meine Sehnsucht – Satz für Satz, Bitte für Bitte. Wenn ein Wort mir jetzt nichts sagt, mache ich einfach weiter mit dem nächsten. Es muß nicht etwas dabei herauskommen. Ich will einfach mal dabeisein bei dem, was da gesagt wird, einfach nur hinhören, was es mir zu sagen hat.
Wenn ich bemerke, daß meine Gedanken und Gefühle abschweifen, dann lenke ich meine Aufmerksamkeit wieder auf den Text ohne Gram über die Zeit, in der ich innerlich woanders war.

Vater unser im Himmel,
geheiligt werde dein Name,
dein Reich komme,
dein Wille geschehe wie im Himmel, so auf Erden.
Unser tägliches Brot gib uns heute,
und vergib uns unsere Schuld,
wie auch wir vergeben unseren Schuldigern.
Und führe uns nicht in Versuchung,
sondern erlöse uns von dem Bösen.

Je langsamer das Ganze geschieht, desto besser. Beim Meditieren gilt der Grundsatz: Weniger ist mehr als viel. Wenn Ihre Zeit verstrichen ist, können Sie auch mitten im Text aufhören. Umgekehrt kann es sein, daß das Gebet einfach an Ihnen vorbeirauscht. Versuchen Sie dann, einzelne Worte zu hinterfragen, z.B. das Wort »unser«: Was heißt das für mich konkret? Mit wem fühle ich mich denn vereint als Bruder oder Schwester? Welche Art von Gemeinschaft ist da gemeint, wie erfahre ich sie?
Vielleicht gibt es einen Satz im Vaterunser, der Sie ganz besonders anspricht und der tagsüber immer wieder in

Ihren Gedanken auftaucht. Versuchen Sie dann, nachzuspüren, was es ist, das Sie so anspricht.
Bei der Reflexion am Abend schreiben Sie auf, welche Sätze oder Wörter aus dem Vaterunser Sie besonders beschäftigt haben oder welche Ihren Widerstand geweckt haben. Was hat Ihr *Herz* dabei besonders berührt?

4. Tag: Anwesenheit

Methodisch geschieht heute dasselbe wie am vergangenen Tag, es geht um meditatives Beten eines Textes. Der Text, um den es sich handelt, ist eine Bearbeitung eines Psalms, der die Allgegenwärtigkeit der Liebe, auch in extremen Situationen, zum Ausdruck bringen will. Es handelt sich um eine urmenschliche Erfahrung, die über Jahrtausende hinweg immer wieder gemacht wurde. Lassen Sie sich von diesem Text einfach einmal mitnehmen und achten Sie dabei darauf, welche *Gefühle* er in Ihnen weckt. Eine mehr *gedankliche* Auseinandersetzung mit diesem Text ist durchaus sinnvoll, aber nicht Thema dieses Tages bzw. dieser Übung.
Achten Sie wieder auf Stille in Ihrer Umgebung, in Ihnen selbst; wählen Sie die Körperhaltung, die Ihnen am besten paßt. Beginnen Sie, wenn möglich, wiederum mit einer kurzen Entspannungsübung und lesen Sie dann den Psalmtext, Zeile für Zeile, im Rhythmus Ihres Atmens. Achten Sie darauf, welche Gefühle in Ihrem Herzen geweckt werden. Lassen Sie sich ruhig einmal darauf ein, auch wenn Sie dabei vielleicht ein wenig »schweben«. Am Ende der festgelegten Zeit merken Sie sich vielleicht ein paar Dinge, die Sie besonders getroffen haben.

Gott, du hast mich erforscht und du kennst mich.
Ob ich sitze oder stehe, du weißt von mir.

Von fern erkennst du meine Gedanken.
Du bist vertraut mit all meinen Wegen.
Noch liegt mir das Wort nicht auf der Zunge –
du, Gott, kennst es bereits.
Du umschließt mich von allen Seiten
und legst deine Hand auf mich.
Wohin könnte ich fliehen vor deinem Geist,
wohin mich vor deinem Angesicht flüchten?
Steige ich hinauf in den Himmel, so bist du dort;
bette ich mich in der Unterwelt, bist du zugegen.
Nehme ich die Flügel des Morgenrots
und lasse mich nieder am äußersten Meer,
auch dort wird deine Hand mich ergreifen.
Du hast mein Inneres geschaffen,
mich gewoben im Schoß meiner Mutter.
Meine Tage waren schon gebildet,
als noch keiner von ihnen da war.
Wie schwierig sind für mich, o Gott, deine Gedanken,
wie gewaltig ist ihre Zahl!
Wollte ich sie zählen, es wären mehr als der Sand.
Käme ich bis zum Ende, ich wäre noch immer bei dir!
Erforsche mich, Gott, und erkenne mein Herz,
prüfe mich, erkenne mein Denken
und leite mich auf deinen Wegen.

(nach Ps 139)

Bei der Reflexion am Abend notieren Sie sich, was Sie im Zusammenhang mit dieser Übung bewegt hat. Gibt es etwas, was Ihr Herz berührt hat? Gibt es etwas, wovor Sie lieber weggelaufen wären? Wie fühlen Sie sich, jetzt nach vier Tagen »mit Gott unterwegs im Alltag«? Es kann auch einfach mal einen Tag (Tage) geben, an dem (denen) Sie sich innerlich karg und trocken fühlen. Notieren Sie dann ruhig: »Heute war mir alles zuviel« oder »knochentrocken im Innern« oder ähnliches. Im nachhinein wird oft sichtbar, daß solche Tage nichts

anderes als ein Anlauf zu neuen Schritten sind; lassen Sie sich also nicht beirren!
Wenn eine der bisherigen Übungen Sie ganz besonders anspricht, dann möchten wir Sie in dieser ersten, mehr orientierenden Woche bitten, dennoch zur nächsten Übung weiterzugehen, so daß Sie ein breiteres Spektrum an Übungen kennenlernen. Zu einem späteren Zeitpunkt wird es mehrfach die Möglichkeit geben, Übungen zu wiederholen oder sich längere Zeit intensiv damit auseinanderzusetzen. Überdies hat es sich erwiesen, daß wichtige Dinge immer wieder, bei den verschiedensten Übungen, in irgendeiner Form auftauchen. Es geht nichts Wesentliches verloren.

5. Tag: Gegenstandsmeditation

Wählen Sie sich für diesen Tag einen Gegenstand aus. Es kann ein Baum sein, eine Blume, ebenso ein Fenster, eine gesprungene Scheibe, eine Tür, ein Weg, ein Haus, eine Uhr. Wählen Sie etwas aus Ihrer konkreten Umgebung aus, betrachten Sie es in aller Ruhe, nehmen Sie es mit allen Sinnen wahr. Lassen Sie Ihre Gedanken, Gefühle, Wünsche dabei aufsteigen: Was hat mir dies zu sagen, was möchte ich ihm sagen? Was sagt dieser Gegenstand aus über mich und mein Leben?
Nehmen Sie sich für diese Übung ruhig etwas Zeit! Ein gutes Zeichen bei der Meditation ist es, wenn Sie auf Dinge kommen, die Sie vorher so noch nicht dabei bedacht hatten.
Eine Variante dieser Übung ergibt sich aus dem Satz: »Ich bin/ich fühle mich wie (ein Baum, eine Blume, ein Fenster usw.).« Stellen Sie sich dabei vor, Sie würden einem anderen, dem Sie vertrauen, gerne erzählen wollen, wer Sie sind, wie Sie sich in Ihrem Leben fühlen. Im Begleitgespräch oder in der Gruppe können Sie dies

ruhig einmal ausprobieren, natürlich immer nur soweit, wie Sie selbst gehen wollen. Eine Alternative wäre ein Gespräch mit Ihrem Lebenspartner/Ihrer Partnerin oder einer anderen vertrauten Person.
Führen Sie diese Meditation morgens und abends durch und schreiben Sie bei Ihrer Reflexion auf, ob Sie dabei etwas Neues für sich entdeckt haben.

6. Tag: Bibelmeditation

Für die heutige Übung bieten wir Ihnen zwei Texte *zur Auswahl* an. Sie können aber auch gerne einen anderen Text aus dem Neuen Testament wählen, der Ihnen vielleicht in der Vergangenheit besonders zugesagt hat oder mit dem Sie sich immer schon einmal auseinandersetzen wollten. Wählen Sie für diesen Tag einen Text aus, auf den Sie sich einfach einlassen können. Methodisch sollte diese Bibelmeditation etwa folgendermaßen vor sich gehen:

(1) Ich lese den Text meiner Wahl morgens in Ruhe durch und versuche, ihn für mich kurz noch einmal nachzuerzählen. Eventuell lese ich ihn noch ein zweites Mal durch.

(2) Ich merke mir die Worte, die mich spontan treffen oder die mir nach meinem Gespür möglicherweise etwas zu sagen haben. (Ein Tip: Schreiben Sie diese Worte auf einen kleinen Zettel und stecken Sie ihn in die Tasche. So können Sie tagsüber bei Gelegenheit darauf zurückgreifen.) Ich versuche, im Laufe des Tages zu ergründen, warum sie mich beschäftigen und was sie mit meinem konkreten Leben zu tun haben. Eventuell lese ich den von mir gewählten Text im Laufe des Tages noch einmal.

(3) Am Abend lese ich ihn noch einmal in Ruhe durch und schreibe in Stichworten oder in ganzen Sätzen

auf, was mich so im Laufe des Tages im Zusammenhang damit beschäftigt hat.

Danach versuche ich zu formulieren, was jetzt meine Frage (Bitte/Antwort) an Gott, an andere, an mich selbst ist. Gibt es jemanden, mit dem Sie sich während der Beschäftigung mit dem Text besonders verbunden fühlten?

Für die ersten beiden Schritte brauchen Sie, wie jeden Morgen, nur etwa zehn Minuten. Versuchen Sie sich des Textes im Tagesverlauf ab und zu wieder bewußt zu werden. Verwenden Sie für die Meditation und die Reflexion am Abend maximal eine halbe Stunde, nicht länger, um uferlose Gedankengänge zu verhindern und ganz konkret an der alltäglichen Realität zu bleiben.

Texte zur Auswahl:

»Der Sturm auf dem See« (Mk 4,35–41)

Am Abend dieses Tages sagte Jesus zu seinen Jüngern: Laßt uns ans andere Ufer hinüberfahren. Sie schickten die Leute fort und fuhren mit ihm in dem Boot, in dem er saß, weg; einige andere Boote begleiteten ihn. Plötzlich erhob sich ein heftiger Sturm, und die Wellen schlugen in das Boot, so daß es sich mit Wasser zu füllen begann. Er aber lag hinten im Boot auf einem Kissen und schlief. Sie weckten ihn und riefen: Meister, kümmert es dich nicht, daß wir zugrunde gehen? Da stand er auf, drohte dem Wind und sagte zu dem See: Schweig, sei still! Und der Wind legte sich, und es trat völlige Stille ein. Er sagte zu ihnen: Warum habt ihr solche Angst? Habt ihr noch keinen Glauben? Da ergriff sie große Furcht, und sie sagten zueinander: Was ist das für ein Mensch, daß ihm sogar der Wind und der See gehorchen?

»Gespräch mit Nikodemus« (Joh 3,1–10)
Es war ein Pharisäer namens Nikodemus, ein führender Mann unter den Juden. Der suchte Jesus bei Nacht auf und sagte zu ihm: Rabbi, wir wissen, du bist ein Lehrer, der von Gott gekommen ist; denn niemand kann die Zeichen tun, die du tust, wenn nicht Gott mit ihm ist. Jesus antwortete ihm: Amen, amen, ich sage dir: Wenn jemand nicht von neuem geboren wird, kann er das Reich Gottes nicht sehen. Nikodemus entgegnete ihm: Wie kann ein Mensch, der schon alt ist, neu geboren werden? Er kann doch nicht in den Schoß seiner Mutter zurückkehren und ein zweites Mal geboren werden. Jesus antwortete ihm: Amen, amen, ich sage dir: Wenn jemand nicht aus Wasser und Geist geboren wird, kann er nicht in das Reich Gottes kommen. Was aus dem Fleisch geboren ist, das ist Fleisch; was aber aus dem Geist geboren ist, das ist Geist. Wundere dich nicht, daß ich dir sagte: Ihr müßt von neuem geboren werden. Der Wind weht, wo er will; du hörst sein Brausen, weißt aber nicht, woher er kommt und wohin er geht. So ist es mit jedem, der aus dem Geist geboren ist. Nikodemus antwortete ihm: Wie kann das geschehen? Jesus antwortete: Du bist der Lehrer Israels und verstehst das nicht?

7. Tag: Bildmeditation

Am letzten Tag dieser ersten Woche »mit Gott unterwegs« stellen wir Ihnen noch eine etwas andere Art der Meditation vor, die Bildmeditation. Um diese fruchtbar durchführen zu können, brauchen Sie keineswegs künstlerisch empfänglich oder gar besonders dafür begabt zu sein. Wichtig ist nur, daß Sie sich mit dem, was das Bild (für Sie) zum Ausdruck bringt, mit seinem Bedeutungsgehalt also, auseinandersetzen. Wie auch an den anderen Tagen, ist es anzuraten, der Betrachtung

eine Körperentspannungsübung vorangehen zu lassen, so daß Sie sich für ein paar Minuten voll auf das Bild, das Sie vor sich haben, einlassen können.
Wir bieten Ihnen bei dieser Übung einige Bilder zur Auswahl (siehe S. 32/33). Wie bei den Texten gestern, ist es Ihnen gerne freigestellt, sich selbst ein anderes Bild auszusuchen, etwa eines, das Sie schon einmal besonders angesprochen hat, oder eines, das Ihnen einfach besonders gefällt. Versuchen Sie jedenfalls, ein Bild zu wählen, das für Sie spontan aussagekräftig ist.

Übung:

Ich bin entspannt und richte meine ganze Aufmerksamkeit auf alles, was auf dem Bild zu sehen ist. Ich suche das Bild ab nach Details, die mir sonst leicht entgehen würden. Was sehe ich da? Wie wirkt es auf mich? Was will es mir sagen?
Ich lasse es eine Zeitlang auf mich wirken, bemerke meine eigene Reaktion darauf, die Stimmungslage, in die es mich bringt. Wo könnte mein eigener Platz in diesem Bild sein, wo möchte ich sein, wo nicht? Woran erinnert mich dieses Bild?
Wenn die Zeit, die Sie dafür am Morgen vorgesehen haben, vorbei ist, versuchen Sie, sich das Bild für den heutigen Tag einzuprägen. Es kann sein, daß es Sie den ganzen Tag über begleitet; es kann auch sein, daß Sie es am Abend erneut betrachten und das Gefühl haben, ein völlig neues Bild zu sehen. Versuchen Sie festzuhalten, was Ihnen das Bild an diesem Tag zu sagen hatte.

Wochenreflexion

Am Ende einer Woche[1] ist es gut, einmal einen etwas größeren Überblick zu gewinnen über das, was in den kurzen Zeiten der täglichen Übungen geschehen ist, welche Fragen Sie berührt haben, was Sie dabei empfunden haben und womit Sie sich jetzt weiter beschäftigen wollen.

Wenn Sie mit einer Gruppe unterwegs sind, die von einem Seelsorger oder einer Seelsorgerin begleitet wird, empfiehlt es sich, daß Sie diese Wochenreflexion gemeinsam mit Ihrem Begleiter/Ihrer Begleiterin durchführen. Die folgenden Besinnungsfragen sind einzig als Anregungen zu verstehen, möglicherweise als ein Leitfaden für das Gespräch.

Wenn Sie alleine mit diesem Buch arbeiten, ist es anzuraten, die hier gestellten Fragen schriftlich für sich selbst zu beantworten. Wenn Ihnen die eine oder andere Frage nichts sagt, dann gilt das, was für alle Hilfestellungen in diesem Buch gilt: Eine Hilfe, die für Sie nicht (vielleicht auch nur im Augenblick) taugt, ist (jetzt) keine Hilfe: Überschlagen Sie sie ruhig.

Noch etwas: Bei all dem geht es nicht darum, mit tollen Leistungen zu »glänzen«, weder vor sich selbst noch vor dem Begleiter/der Begleiterin. Nach unserer Erfahrung in den Kursen kann die Eingewöhnungszeit durchaus länger sein als diese erste, orientierende Woche. Ungereimtheiten, Unruhe zur Zeit der Übungen, Schwierigkeiten im Einrichten der Zeiten und vieles andere mehr legen sich oft erst im Laufe der Wochen. Manchmal hat man auch Tage, an denen man nicht so empfänglich ist, sich nicht so geben kann: Das darf so sein, es gibt in den kommenden Wochen noch ausreichend Gelegenheit, Dingen auf den Grund zu gehen.

Sie haben in dieser ersten Woche verschiedene Dinge kennengelernt und ausprobiert. Das gilt sowohl für die

Meditationsübungen an sich (Zeit, Ort, Haltung) als auch für ihre Inhalte. Alle Elemente dieser Woche werden in den kommenden Wochen wieder aufgegriffen, Sie brauchen sie also nicht »perfekt zu beherrschen«. Es erfordert wohl eine gewissen Disziplin, die Übungen täglich fortzusetzen. Wenn es einmal nicht geht, ist dies kein Grund, aufzugeben. Sie können den Faden ruhig am nächsten Tag wieder aufnehmen.
Nehmen Sie sich für die nun folgenden Besinnungsfragen etwas mehr Zeit, etwa eine halbe bis dreiviertel Stunde. Besonders wichtig ist die Beantwortung der Frage (3), da sie am Ende des Kurses noch einmal ausdrücklich aufgegriffen wird.

Besinnungsfragen:

- Wie fühlen ich mich jetzt, nach einer Woche? Habe ich mich ein wenig an die Übungszeiten gewöhnen können? Was war neu, was war ungewöhnlich? Konnte ich mich einigermaßen entspannen? Welche Art der Meditation liegt mir am meisten?
- Welche Übung (vergleiche die Reflexionen) hat mir am meisten zugesagt? Welche Fragen/Probleme/Themen tauchen darin auf? Kommen dieselben Themen auch in anderen Meditationen vor?
- Mit welcher Frage (welchen Fragen) möchte ich mich in der nächsten Zeit am liebsten beschäftigen? (so genau wie möglich formulieren!)

Zum Abschluß dieser ersten Woche geben wir Ihnen ein Gebet mit auf den Weg. Vielleicht kann es für Sie etwas von dem zum Ausdruck bringen, was Sie in dieser Woche empfunden und mitgemacht haben. Sagen Sie es einfach einmal laut vor sich hin oder lassen Sie es wie ein Gedicht vor Ihrem inneren Ohr erklingen. Wenn es Ihnen gefällt, nehmen Sie es ruhig bei Gelegenheit wieder einmal hervor oder nutzen Sie es für eine Textmeditation (vgl. den sechsten Tag).

Gebet zur ersten Woche

Anwesend vor Gott

Bei dir möchte ich sein, guter Gott,
jetzt, für diesen Moment, diesen Augenblick.
Alles, was in mir ist, bringe ich mit
und lege es vor dich hin,
meine Gedanken, mein Tun und mein Lassen,
alles, was in mir umgeht:
Bring du es zur Ruhe, in mir.

Laß mich still sein bei dir, für kurze Zeit.
Ich will nicht fliehen vor meinem Leben,
ich will es nur tragen können, fortschreitend,
mit Hilfe aus dir.
Ich glaube, du läßt mich nicht allein,
wo immer ich auch bin.
Laß mich jetzt spüren, daß du bei mir bist.

Ich weiß nicht genau, wer du bist,
aber ich vermute und ich glaube,
daß du etwas mit mir vorhast,
mich nehmen willst, aufnehmen,
so, wie ich bin.

Du weißt, was nötig ist
für mich und diese Welt, in der ich lebe.
Öffne die Augen meines Herzens,
damit ich deine Wege erkenne,
du da mittendrin,
du wirst schon wissen, wohin du mich führst.

Bleibe bei mir, wenn ich weitergehe,
begleite mich
mit deiner Liebe,
deiner Treue,
deiner Milde.

II. Die zweite Woche: Gott im eigenen Leben auf die Spur kommen

Hinführung: Kein Zufall – der Lebensweg

Wir starten diese Besinnung im Alltag nicht an einem Nullpunkt. Jede(r) hat eine eigene Vorgeschichte, die ihn/sie zu diesem Punkt bringt, sich hier und jetzt damit zu beschäftigen. Dies kann zufällig sein, das ist eine mögliche Deutung. Mancher wird vielleicht im Laufe der Zeit etwas entdecken oder mitmachen, wovon er im nachhinein sagt: Es »mußte« so sein, daß dies oder das gerade dann geschah, daß diese und jene Umstände so zusammentrafen. Vielleicht kann man auch sagen: Es ist nicht nur zufällig, daß wir jetzt an diesen Punkt gekommen sind und uns auf diese Übungen eingelassen haben.

Viele Menschen, durch alle Jahrhunderte hindurch, haben dieses »Nicht-Zufällige« in ihrem Leben erlebt. Sie sehen eine Entwicklung – irgendwie auf ein Ziel hin. Sie sprechen dann von ihrem Leben als einem »Weg«, ihrem »Lebensweg«, sie erfahren sich als »unterwegs«. Diese Metapher vom Weg also macht eine gewisse Entwicklung sichtbar: Ein Weg kommt irgendwoher und er führt irgendwohin, wobei jeweils der eigene Standort, das Jetzt, eine entscheidende Rolle spielt. Man spricht in diesem Zusammenhang von drei *Grundfragen*:

- Wo komme ich her?
- Wo stehe ich jetzt?
- Wo gehe ich hin?

In dieser zweiten Woche »mit Gott unterwegs im Alltag« steht die erste Frage im Mittelpunkt, die beiden nächsten Wochen haben die jeweils nächste Frage zum Thema.

Ein solcher Lebensweg ist selten oder nie geradlinig. Er hat Ecken, Kurven, Kreuzpunkte; es gibt Höhen und Tiefen; manchmal geht man auf Umwegen, manchmal ist man sehr zielstrebig, und auch die Ziele wechseln; es gibt Glücksmomente, es gibt Krisen[2], man kommt in Stromschnellen zurecht, und manchmal weiß man den Weg gar nicht mehr, und so weiter.
Ziel dieser Woche ist es, ein wenig mehr Sicht zu bekommen auf unseren eigenen Lebensweg. Diesen gehen wir nie völlig alleine. Immer gab und gibt es Menschen, die darin direkt und indirekt eine wichtige, »ent-scheidende« Rolle spielen. Das können die eigenen Eltern sein oder Erzieherpersonen, das können Freunde oder große Vorbilder sein. Auch der Geist der Zeit, in der wir aufwachsen, drückt unserem Leben unweigerlich einen Stempel auf.
Und dieser Lebensweg ist kein anderer als der, auf dem – auch ein Bild – *Gott* »mit uns geht«. Wir haben kein anderes Leben als dieses, und wenn Gott in unserem Leben eine Rolle spielt, dann ist es in diesem einen, konkreten Leben. Es ist sinn- und zwecklos, sich die Begegnung mit Gott ausschließlich aufzuheben für ein – wie auch immer geartetes – »jenseitiges« Leben nach dem Tode. Gott hat immer mit konkreten Lebenssituationen zu tun, darin wird seine »Stimme« vernehmlich. Das kann geschehen in Momenten großer Freude, tief empfundener Liebe, in Zeiten einer Krise oder gerade im Rückblick auf eine längere, mehr oder weniger konstante Entwicklung. Der christliche Gott ist der Gott Jesu, der Gott des jüdischen Volkes, der sich ganz konkret im Laufe der Geschichte zeigte, erfahrbar machte, auch wenn es immer einer eigenen, mutigen, gläubigen Deutung dieser Geschichte bedurfte und bedarf.
Auch bei ganz alltäglichen Entscheidungen (z. B. Wie verhalte ich mich in dieser oder jener Situation diesem

oder jenem Menschen gegenüber) spielt das Hören auf die sich *darin* äußernde Stimme Gottes eine wichtige Rolle. Dies gilt um so mehr bei weniger alltäglichen Entscheidungen, z.B. bei der Berufswahl, bei Engagements, bei der Wahl eines Partners. Gott hat nur diese *eine* Wirklichkeit, dieses eine: *unser* Leben, um sich darin bemerkbar zu machen. Die Frage stellt sich dann: Wo ist der rote Faden der Liebe, der Freundschaft, der Berufung, der Wahrheit in meinem Leben zu finden? Wo habe ich etwas gespürt von dem, was sein könnte, wenn ich dem nachgehe? Wann hat mein Leben entscheidende Wendungen genommen? Wie kommt es, daß ich jetzt hier so stehe? Welche Entscheidungen liegen an, welche habe ich bisher schon getroffen?
Hierzu eine kleine (biblische) Geschichte. Als Abraham von Gott gerufen worden war, um aus seinem Land wegzuziehen und sich auf die Suche nach einem versprochenen, neuen Land zu machen, in dem Milch und Honig fließen sollten, da machte er sich auf den Weg. Er zog umher, immer auf der Suche nach dem, was als ein Versprechen, als eine Ahnung von wirklichem Glück in seinem Herzen lag. Und immer, wenn er »unterwegs« – auch hier ist der »Weg« durchaus nicht nur im wörtlichen Sinne, sondern auch als Metapher zu verstehen – an einen Ort kam, wo diese Ahnung, dieses Versprechen in ihm aufflammte, wo er Gott begegnete, der ihm dies verheißen hatte, da richtete er einen Altar auf, einen »Weihestein«, eine Art Meilenstein auf seinem Lebensweg. Dies diente ihm zur Erinnerung: Nie wieder will ich vergessen, daß ich an diesem Punkt entlanggekommen bin, daß Gott mich hierher gebracht hat. Nie wieder will ich – innerlich wie äußerlich – hinter diesen Punkt zurückfallen. So zog Abraham bis ins Gelobte Land.
In dieser Woche also ist die Frage: Wo komme ich her? Es geht es um das Aufspüren solcher »Verheißungs-

punkte« in unserem Leben: Momente, in denen – im nachhinein betrachtet – etwas von Gott sichtbar wurde. Daß dies nicht identisch sein muß mit kirchlichen Höhepunkten (Taufe, Eheschließung o.ä.) liegt auf der Hand, es ist aber auch nicht ausgeschlossen.

1.–5. Tag

Die Aufgabe für diese Woche besteht darin, dem eigenen bisherigen Lebensweg noch einmal nachzugehen, nachzuempfinden, ihn wenn möglich sogar aufzuschreiben. Teilen Sie dazu ihre Lebensjahre in fünf ungefähr gleich große Perioden ein und nehmen Sie sich für jeden Tag eine Periode vor. Wenn Sie z.B. 40 Jahre alt sind, dann sind Ihre ersten acht Lebensjahre Thema des ersten Tages, die folgenden acht bis zum 16. Lebensjahr Thema des zweiten Tages und so weiter. (Falls Sie sich für diese Übung etwas mehr Zeit nehmen wollen als eine Woche, können Sie die einzelnen Perioden entsprechend anders einteilen.)
Fünf Tage lang sich erinnern. Es wird vielleicht nicht immer leicht sein, zumal wir von frühen Lebensphasen auf Anhieb oft nur sehr wenig zu sagen wissen. Das Wort »er-innern« kann da vielleicht helfen: sich aufs neue eines Momentes, einer Phase »inne-werden«, sie wieder in sich hineinholen, oder umgekehrt: sich wieder dort hineinbegeben.
Nehmen Sie sich morgens die entsprechende Periode vor, gehen Sie dem nach, wo Sie in dieser Zeit lebten, mit wem Sie zusammen waren, was Sie getan haben. Wenn Ihre (Frei-)Zeit es zuläßt, schauen Sie ruhig noch einmal in alten Fotoalben nach. Sie haben eine ganze Woche lang Zeit, sich ganz ausdrücklich mit Ihrem eigenen Leben, Ihrem eigenen Werdegang zu beschäftigen. Stellen Sie sich dabei folgende Fragen: Was war die

wichtigste Botschaft für mich aus dieser Lebensphase, aus diesem oder jenem Ereignis? Was war wichtig für mich, für meinen Lebensweg, für Gottes Weg mit mir? Gehen Sie mit dieser Frage im Hinterkopf in Ihren Alltag. Im Laufe des Tages versuchen Sie, sich ab und zu an diese Phase zu erinnern und dabei die Frage nach der Deutung der Lebensereignisse erneut zu stellen. Vielleicht taucht spontan eine Antwort auf. Möglicherweise hilft es Ihnen, sogar den einen oder anderen, der in jener Zeit mit Ihnen gelebt hat, einmal anzurufen.
Wie auch immer Sie Ihre Erinnerungen auffrischen, versuchen Sie sich am Morgen die jeweilige Lebensphase zu vergegenwärtigen und am Abend in Stichworten etwas davon aufzuschreiben. Menschen, die gerne schreiben und die vielleicht gerade in dieser Woche etwas mehr Zeit haben, können auch den Versuch wagen, ihre ganze Geschichte aufzuschreiben. Manchmal aber reicht auch einfach schon ein einziger Satz, zur Not auch die nüchtere Feststellung: An diese Zeit kann ich mich so gut wie nicht erinnern. Auch das kann etwas über Ihren Lebensweg und Ihre Wahrnehmung aussagen! Eine Richtfrage beim Aufschreiben kann etwa die folgende sein: Wo habe ich in meinem Leben etwas von »Verheißung« gespürt?
So gehen Sie fünf Tage lang noch einmal durch Ihr ganzes Leben, immer auf der Suche danach, wie es kommt, daß Sie jetzt an diesem Punkt in Ihrem Leben angelangt sind. Scheuen Sie sich nicht, auch mögliche schwierige Momente (Krisen, Scheidung oder Todesfälle) noch einmal mit etwas Abstand durchzugehen. Vielleicht erkennen Sie jetzt Dinge, die Sie bislang so noch nicht gesehen haben oder noch nicht so sehen konnten oder wollten.
Als eine gute Hilfe zur Erinnerung hat sich in unseren Kursen die Übung mit der »Zeitmaschine« erwiesen. Diese geben wir hier gerne als Anregung mit. Nehmen

Sie sich ruhig etwas Zeit dafür. Es bietet sich an, diese Übung mit einer Körperentspannung einzuleiten.
Ich stelle mir vor, daß hier vor mir ein Hubschrauber landet. Die Tür geht auf, ich steige ein und fliege mit dem Hubschrauber durch die Zeit zurück... ganz weit zurück, dorthin, wo ich früher gelebt habe, wo ich als Kind aufgewachsen bin, dorthin, wo meine Eltern wohnten, als ich geboren wurde. Ich sehe den Ort, die Straße, das Haus genau vor mir. Dort landet der Hubschrauber, er setzt auf, ich steige aus.
Ich spüre den Wind, den Geruch, so wie er früher dort war; ich höre genau, was ich füher hörte, den Lärm auf der Straße, die Stimmen von Leuten. Ich sehe die Menschen von früher, gehe dorthin, wo ich als Kind gelebt habe, bin noch einmal zu Hause bei meinen Eltern. Ich sehe meine Spielkameraden und -kameradinnen wieder. Ich gehe noch einmal zur Schule, spüre dieselbe Freude, dieselben Ängste wie früher...
Ich gehe in Gedanken noch einmal an die wichtigsten Punkte zurück, erlebe manches noch einmal... (Besonders aufschlußreich ist es, wenn ich dies mit all meinen Sinnen zu »er-leben« versuche.)
Wenn ich denke, daß es genug ist, steige ich wieder in den Helikopter und fliege langsam »nach heute« zurück.

6. Tag: Der rote Faden

Die Frage für diesen Tag lautet: Was ist der »rote Faden« in meinem Leben?
Die Hilfsfragen dazu lauten:
- Gibt es darin Dinge, die im Grunde immer wiederkehren, die sich in anderen Situationen, mit anderen Menschen ähnlich gestalten?

- Ist so etwas wie eine Bewegung, eine – positive – Entwicklung in meinem Leben erkennbar?
- Wenn ich diesen roten Faden gleichsam weiterspinne in die Zukunft – wohin führt er dann?

7. Tag: Ihr Leben in einem Bild

Wenn Sie heute in den Momenten der Stille am Morgen und am Abend und eventuell auch einmal zwischendurch Ihr bisheriges Leben überblicken, versuchen Sie dann in einem Bild, einem Symbol, einer Collage, einem Text, einem Gedicht, vielleicht sogar in einer Melodie oder einem Gebet auszudrücken, wie Sie Ihr Leben sehen, was Sie dabei empfinden. Finden Sie – im weitesten Sinne – ein Bild für Ihr Leben.

Wochenreflexion

Bei Ihrer Wochenreflexion bzw. bei dem Begleitgespräch könnten Ihnen die folgenden Fragen bzw. Aufgaben dienlich sein:

- Wie habe ich diese Woche empfunden? War es eine angenehme oder eher eine unangenehme Erfahrung, mein Leben noch einmal auf diese Art durchzugehen?
- Ich lese meine Aufzeichnungen von dieser Woche noch einmal ganz durch, aber so, als ob es die Aufzeichnungen von jemand anderem wären, und versuche, aus einem gewissen Abstand heraus, dazu einen Kommentar zu geben (zu schreiben).
- Wenn ich zurückdenke an die Geschichte von Abraham, der an wichtigen Punkten in seinem Leben »Weihesteine« errichtete – welche vergleichbaren Punkte in meinem Leben kann ich dann benennen?

- Am Ende der vorigen Woche habe ich für mich selbst formuliert, mit welcher Frage ich mich weiter beschäftigen will. Ist diese Frage nach dieser Woche noch dieselbe? Wenn nicht, wie kann ich sie dann neu formulieren? Wenn ja, dann frage ich mich, welche Erfahrungen ich in dieser Hinsicht bereits gemacht habe.

Gebet zur zweiten Woche

Spurensuche

Wie Spuren in meinem Leben:
Deine Handschrift, du mein Gott,
die recht schreibt auf meine krummen Zeilen.
Fährten, bisweilen zu erspüren.

Gott der Geschichte,
auch meiner.
Laß mich, o Gott, nicht umsonst geboren sein.

III. Die dritte Woche: Hier und jetzt – Selbstannahme

Hinführung: »An-nehmen« als Voraussetzung zum Weitergehen

Nachdem wir in der vergangenen Woche eingehend auf unser bisheriges Leben zurückgeschaut haben, uns dessen »innegeworden« sind, geht es in dieser Woche darum, uns selbst, so wie wir geworden sind, zu akzeptieren. Die Grundfrage lautet: Wo stehe ich jetzt? Es geht nicht so sehr um einen psychologischen Akt des Akzeptierens, etwa der Art »Ich bin okay«, sondern um einen offenen Dialog mit sich selbst, mit anderen und letztendlich mit Gott. Es sollen gleichsam die Karten offen auf den Tisch gelegt werden, zumindest für einen selbst, so daß man weiß, welches »Blatt« man in der Hand hält und was daraus zu machen ist. Es geht nicht um eine Wertung, sondern zunächst einmal um ein offenes Annehmen dessen, was hier und jetzt vorhanden ist.
Das Wort »An-nehmen« drückt aus, daß etwas da ist, was einem »gegeben« wird oder was wir zum jetzigen Zeitpunkt als »gegeben« betrachten. Etwas, was ich selbst habe und besitze, kann ich nicht annehmen. Ich muß mich also in gewisser Weise von meiner bisherigen Geschichte, meinem »Ich«, ein wenig lösen, ihm betrachtend gegenübertreten und mir darüber klarwerden, daß mir mein Leben »gegeben«, vielleicht sogar »aufgegeben« ist und daß ich es annehmen oder verweigern kann.
Im allgemeinen tun wir uns nicht so schwer damit, die Seiten und Geschehnisse, die wir positiv bewerten, anzunehmen. Schwieriger ist es, die »Schattenseiten« und die Ereignisse, die wir negativ bewerten, zu akzeptieren, zumindest offen hinzunehmen.

(Wir machen hier einen Unterschied zwischen dem »positiven« Akzeptieren und dem bloßen Hinnehmen der Dinge, die nun einmal nicht zu ändern sind. Wir sind der Meinung, daß man von keinem Menschen verlangen kann, daß er z. B. eine schwere Krankheit, einen herben Verlust oder ähnliches positiv zu akzeptieren hat. Man kann jedoch vielleicht soweit kommen, daß man auch solche Dinge schlicht »hinnehmen« kann, d. h. sie nicht mehr als absolute Hindernisse auf dem Weg zu einer weiteren Entwicklung betrachtet. Sie sind damit nicht weg oder einfach aus dem Weg geräumt, aber sie verlieren ihren absolut bestimmenden Charakter. Der hier von uns gewählte Terminus »Annahme« oder »Selbstannahme« schließt keine positive oder negative Wertung ein, sondern er sagt etwas aus über die Haltung, mit der man sich selbst und seinem bisherigen Leben gegenübersteht und daß man darin den – weitestgehend offenen – Startpunkt für eine weitere Entwicklung sieht.)
Sich selbst, d. h. sein ganzes Leben mit allem, was dazugehört, anzunehmen, ist ein langer Prozeß, in dem verschiedene Schritte zu erkennen sind. Es fängt an mit der Selbsterkenntnis: Wer bin ich, wie bin ich; wie ist meine Umgebung, in die ich hineingeboren wurde; welche Menschen, welche Einflüsse spielen in meinem Leben eine Rolle? Danach folgt das Bekennen: Ich stelle vor mir selbst klar (schreibe eventuell auf), wer ich bin, was ich bin, wie mein Leben jetzt aussieht. Diese beiden Schritte sind die Voraussetzung dafür, daß ich das, was da ist, annehmen kann, auf mich nehmen kann und mich so offen wie möglich weiterentwickeln kann. Dinge, die wir nicht erkennen, nicht wahrhaben wollen, begleiten uns im Laufe des Lebens wie »stille Begleiter«, wie »Ballast«, den wir eigentlich loswerden wollen. Sie lassen sich aber nicht einfach abschütteln. In unkontrollierten Momenten kann dann etwas auf-

brechen, von dem wir selbst kaum noch wußten, daß es zu uns gehört. Wir werden wütend oder ohne erkennbaren Grund schwermütig, weil wir manches, was wir nicht erkennen und bekennen wollten, gleichsam im Keller oder auf dem Dachboden haben verschwinden lassen. Deshalb ist es nötig, »stillen Begleitern« einmal nachzuforschen, sie – soweit das geht – ans Tageslicht zu bringen, zumindest für sich selbst, besser noch einem vertrauten Menschen gegenüber. Diesem Zweck gilt die Übung am zweiten und dritten Tag, dem »Rundgang durch das Kellergeschoß und auf dem Dachboden«. Am ersten Tag aber geht es zunächst einmal darum, die Selbstwahrnehmung etwas einzuüben. Die Text- und Bildmeditationen an den darauffolgenden Tagen dienen dazu, die Selbstannahme zu erweitern und in einer hoffnungsvollen Perspektive zu deuten. Ziel dieser Woche ist es, einen offenen Blick für sich selbst und sein Leben zu bekommen, nichts darin zu beschönigen und nichts abzuwerten. Das erfordert etwas Geduld und die Bereitschaft, einen Schritt nach dem anderen zu setzen und nichts darin zu überstürzen. In der nächsten Woche werden wir dann einen neuen Anlauf nehmen, um den Dingen, die uns hindern, ihren hemmenden Einfluß zu nehmen.

1. Tag: Wahrnehmen und loslassen

Ich richte für diesen Tag meine ganze Aufmerksamkeit auf meine Sinne, auf das, was ich sehe, was ich höre, mit den Händen taste, was ich rieche, was ich schmecke. Ich versuche, dies heute einfach einmal zu registrieren, mir dabei klarzuwerden, *was* ich da überhaupt sehe, höre, taste, rieche, schmecke. Ich will nur wahrnehmen, weiter nichts. Ich will nicht werten, nicht einordnen in »positiv – negativ«, »brauchbar – unbrauchbar«, »zu mir gehörend – nicht zu mir passend«, sondern einfach da sein lassen, was ist: in mir selbst, in meiner Umgebung, bei anderen.

Eine gute Übung ist die sogenannte »Fünf-Minuten-Wahrnehmung« am Morgen: Entspannen Sie sich körperlich wie üblich und versuchen Sie dann, fünf Minuten lang einfach nur wahrzunehmen, was da ist: was Sie sehen, hören, spüren, denken, fühlen, riechen, was Sie stört, was Sie reizt.

Vielleicht können Sie bei dieser Übung erfahren, wieviel Sie im Laufe eines Tages direkt oder indirekt werten, beurteilen, einordnen, bevor Sie es wirklich wahrgenommen haben. Versuchen Sie einmal, einen Tag lang nicht zu werten, sondern nur *soviel wie möglich* bewußt wahrzunehmen. Es ist nicht ausgeschlossen, daß sich eine ganz neue Welt für Sie öffnet. Schreiben Sie am Abend bei Ihrer Reflexion auf, wie Sie sich an diesem Tag erlebt haben und was Sie neu entdeckt haben.

Wenn Ihnen diese Übung gefällt, dann dehnen Sie sie ruhig noch auf einen weiteren Tag aus. Sie können dann im Verlauf der Woche eine Textmeditation, die ja nur der Vertiefung dient, weglassen.

2. und 3. Tag: Rundgang durch das »Kellergeschoss«[3] und auf dem »Dachboden«.

(Beginnen Sie diese Übung mit einer Körperentspannung, richten Sie Ihre Aufmerksamkeit für diese Zeit einmal ganz nach innen:) Ich stelle mir das Kellergeschoß eines Einfamilienhauses vor. Dies ist mein Haus, mein Leben, dies bin ich. In meiner Phantasie gehe ich zur Kellertür und öffne sie langsam. Ich mache das Licht an, steige die Kellertreppe hinunter. Ich habe keine Angst, ich will einfach nur durch den Keller ge-

hen, in Augenschein nehmen, was sich da im Laufe der Zeit angesammelt hat. Ich gehe durch die einzelnen Kellerräume. Da ist der Heizungskeller, da ist der Vorratskeller mit allem, was ich an Nahrung gesammelt habe, womit ich Durststrecken überwinden kann. Da gibt es säuberlich Geordnetes, da gibt es auch Unfertiges, Unerledigtes. Ich übertrage das Bild weiter auf mich selbst: meine verborgenen Kräfte und Fähigkeiten; Dinge, die auf Abruf bereitstehen; alles, was ich im Laufe der Jahre weggesteckt habe: ich nehme es mir einzeln vor und registriere es einfach; einiges, was zu Bruch gegangen ist, reparabel oder nicht; die Ecken in meiner Seele, die ich lieber nicht betrete oder am liebsten verborgen halten möchte: dort gehe ich hinein, ganz allein, und schaue mich um und achte darauf, was ich dabei empfinde.
Wenn die Zeit für diese Übung vorüber ist, gehe ich die Kellertreppe wieder hoch, schließe die Kellertür in aller Ruhe zu und schreibe nach einer kurzen Pause auf, was ich alles gesehen habe.
(Auch für diese Übung gilt, daß Sie sie in den nächsten Tagen ruhig wiederholen können, solange es noch etwas zu entdecken gibt.)

(3. Tag) Die Aufgabe am folgenden Tag besteht darin, einen ähnlichen Rundgang auch einmal auf dem Dachboden zu unternehmen. Ich stelle mir wiederum ein Einfamilienhaus vor, das Haus, in dem ich wohne, das ich bin. Auf dem Dachboden, im »Oberstübchen«, habe ich alle meine Wünsche, Ideen, Vorstellungen versammelt, die für mich richtungsweisend sind. Ich steige über die Treppe hinauf auf den Dachboden und schaue mich dort um. Vorne auf dem Speicher stehen klar erkennbar und zum Greifen nahe einige Grundsätze meines Lebens. Ich betrachte sie, suche ihre Formulierung und gehe weiter in die hinteren Räume des Dachbo-

dens. Dort finde ich meine Sehnsucht, meine Träume vom Leben wieder. Wovon habe ich irgendwann früher einmal geträumt? Wann habe ich diese Gedanken, dieses Verlangen hier abgestellt, vielleicht als unrealistisch abgetan? Gibt es noch etwas, was ich am liebsten einmal herunterholen möchte in mein jetziges Leben, etwas, was ich vielleicht doch nicht ganz aufzugeben brauche, nicht wirklich aufgeben möchte? Was von dem, was ich da sehe, möchte ich wegwerfen, so daß es auf mich keinen bestimmenden Einfluß mehr ausübt, auch nicht insgeheim?
Unser Vorschlag für die Reflexion am Abend ist es, anhand der gerade gestellten Fragen eine kleine Liste anzufertigen, etwa eingeteilt in die Rubriken (a) Was ich habe – (b) Was ich behalten möchte – (c) Was ich wegwerfen möchte.

4. Tag: Textmeditation: »Ich bin mit dir«

In diesem Text aus dem Alten Testament spricht Gott über den Propheten Jesaja zu seinem Volk, das in Gefangenschaft lebt und unter der Unterdrückung leidet. Scheinbar wider alle Vernunft vertraut der Prophet darauf, daß die Sklaverei ein Ende haben kann und haben wird.
Lesen Sie den Text in Ruhe durch und lassen Sie ihn direkt zu sich sprechen. Setzen Sie ihn in Bezug zu dem, was Sie in den vergangenen Tagen entdeckt und erlebt haben. Achten Sie auf die Gefühle, die er in Ihnen weckt, die Gedanken, die in Ihnen dabei umgehen.

Du, mein Knecht Israel, du, Jakob[4]*, den ich erwählte, Nachkomme meines Freundes Abraham: Ich habe dich von den Enden der Erde geholt, aus ihrem äußersten Winkel habe ich dich gerufen. Ich habe zu dir gesagt:*

Du bist mein Knecht, ich habe dich erwählt und dich nicht verschmäht. Fürchte dich nicht, denn ich bin mit dir; hab keine Angst, denn ich bin dein Gott. Ich helfe dir, ja, ich mache dich stark, ja, ich halte dich mit meiner hilfreichen Rechten. Denn ich bin der Herr, dein Gott, der deine rechte Hand ergreift und der zu dir sagt: Fürchte dich nicht, ich werde dir helfen. Fürchte dich nicht, du armer Wurm Jakob, du Würmlein Israel! Ich selber werde dir helfen – Spruch des Herrn. Der Heilige Israels löst dich aus. (Jes 41,8–10.13–14)

5. Tag: Bildmeditation

Betrachten Sie das Bild von der »Heimkehr des verlorenen Sohnes« eingehend (S. 52), die beiden Personen, die darauf abgebildet sind, ihre Körperhaltung, die Köpfe, ihre Hände, das Ineinanderfließen der Konturen:
Was stellt dieses Bild nach Ihrem Eindruck dar?
Welche Gefühle weckt es bei Ihnen?
Haben Sie in Ihrem Leben Vergleichbares mitgemacht?

6. Tag: Textmeditation:

»Wer das Unheil anschaut, wird geheilt.«
Wiederum ein Text aus dem Alten Testament. Das Volk Israel befindet sich unterwegs in der Wüste. Es erlebt eine lange Durststrecke, es muß Umwege gehen. Die Giftschlangen, von denen viele von ihnen gebissen werden, sind (ähnlich wie in der Paradiesgeschichte) ein Symbol für die Versuchung, für das Böse, die falsche Alternative.

Die Israeliten brachen vom Berg Hor auf und schlugen die Richtung zum Schilfmeer ein, um Edom zu umge-

hen. Unterwegs aber verlor das Volk den Mut, es lehnte sich gegen Gott und gegen Mose auf und sagte: Warum habt ihr uns aus Ägypten heraufgeführt? Etwa damit wir in der Wüste sterben? Es gibt weder Brot noch Wasser. Dieser elenden Nahrung sind wir überdrüssig. Da schickte der Herr Giftschlangen unter das Volk. Sie bissen die Menschen, und viele Israeliten starben. Die Leute kamen zu Mose und sagten: Wir haben gesündigt, denn wir haben uns gegen den Herrn und gegen dich aufgelehnt. Bete zum Herrn, daß er uns von den Schlangen befreit. Da betete Mose für das Volk. Der Herr antwortete Mose: Mach dir eine Schlange und häng sie an einer Fahnenstange auf! Jeder, der gebissen wird, wird am Leben bleiben, wenn er sie ansieht. Mose machte also eine Schlange aus Kupfer und hängte sie an einer Fahnenstange auf. Wenn nun jemand von einer Schlange gebissen wurde und zu der Kupferschlange aufblickte, blieb er am Leben. (Num 21,4–9)

Fragen für die Reflexion:

- Was bedeutet »Wüste« für mich? Hat »Wüste« nur negative Bedeutung, oder gibt es auch positive Aspekte darin?
- Erkenne ich in meinem Leben auch Momente der Auflehnung gegen das, was mich wesentlich zum Guten hätte führen können? Gibt es andererseits auch Momente, in denen ich mich zu Recht aufgelehnt habe, mich tatsächlich auflehnen mußte (und es vielleicht doch nicht getan habe)?
- Welches sind die »Schlangen« in meinem Leben? Kann ich ihnen einen Namen geben (wenn möglich aufschreiben)? Wie kann ich der Schlange gleichsam ins Auge schauen?

7. TAG: ZUTRAUEN

Am heutigen Tag geht es um Vertrauen, ganz konkret und praktisch: Sicherheiten loslassen können, zumal in unserer heutigen Zeit, in der man so gut wie alles »versichert« und immer weniger »ver-traut«. Gott vertrauen, Zutrauen zu ihm haben, das heißt, ihm tatsächlich auch etwas zuzutrauen.

Ich sage euch: Sorgt euch nicht um euer Leben und darum, daß ihr etwas zu essen habt, noch um euren Leib und darum, daß ihr etwas anzuziehen habt. Ist nicht das Leben wichtiger als die Nahrung und der Leib wichtiger als die Kleidung? Seht euch die Vögel des Himmels an: Sie säen nicht, sie ernten nicht und sammeln keine Vorräte in Scheunen; euer himmlischer Vater ernährt sie. Seid ihr nicht viel mehr wert als sie? Wer von euch kann mit all seiner Sorge sein Leben auch nur um eine kleine Zeitspanne verlängern? Und was sorgt ihr euch um eure Kleidung? Lernt von den Lilien, die auf dem Feld wachsen: Sie arbeiten nicht und spinnen nicht. Doch ich sage euch: Selbst Salomo war in all seiner Pracht nicht gekleidet wie eine von ihnen. Wenn aber Gott schon das Gras so prächtig kleidet, das heute auf dem Feld steht und morgen ins Feuer geworfen wird, wieviel mehr dann euch, ihr Kleingläubigen! (Mt 6,25–30)

Fragen für die Reflexion:

- Worum »sorge« ich mich konkret in meinem Leben?
- Entspricht das, worum ich mich sorge, auch der Zielrichtung meines Lebens?
- Was sind meine Sicherheiten? Worauf baue ich in meinem Leben?
- Worin manifestiert sich mein Glaube?

- Was hieße es für mich, weniger »kleingläubig« zu sein?

Wochenreflexion

Thema dieser Woche war die »Selbst-Annahme«. Sich selbst annehmen geschieht nicht von heute auf morgen. Vielmehr ist es eine Entdeckungsreise in Bereiche, die möglicherweise bisher etwas unterbelichtet geblieben waren und die wie »stille Begleiter« mit uns gegangen sind (und gehen). Wenn man diese »Begleiter« erkennt und sie womöglich beim Namen nennen kann, dann ist schon ein sehr wichtiger Schritt getan. Der Weg nach vorne wird offener, am Horizont werden früher oder später neue Dinge sichtbar.

Besinnungsfragen:

- Was war das herausragende »Ereignis« im Zusammenhang mit den Übungen dieser Woche?
- Wie sieht es jetzt bei mir im »Keller«, auf dem »Dachboden« aus?
- Möchte ich das, was ich bis hierher erfahren habe, mit jemand anderem (Drittem) besprechen?
- Wo stehe ich jetzt? Gibt es etwas, was mich jetzt bedrückt oder mir im Wege steht?

Ein kurzes Gebet von Friedrich Christoph Oetinger möge Sie in dieser Woche begleiten:
Gott, gib mir die Gelassenheit,
Dinge hinzunehmen, die ich nicht ändern kann.
Gib mir den Mut,
Dinge zu ändern, die ich ändern kann;
und gib mir die Weisheit, das eine vom andern zu unterscheiden.

IV. Die vierte Woche: »Was nun?« Barmherzigkeit – Vergebung – Erlösung

Hinführung: Vergeben und vergessen?

Wenn ich auf mein bisheriges Leben zurückschaue, auf die Bruchstücke und die Scherben, die ich selbst gemacht habe oder die andere bei mir hinterlassen haben, aber auch auf das, was mich bis hierher positiv weitergeführt hat, dann gibt es vielleicht einiges, von dem ich sage: Das hätte ich besser oder anders machen können – oder: Wenn ich es heute noch einmal tun müßte, würde ich anders handeln, mich anders entscheiden. Aus der jetzigen Perspektive betrachtet kann ich etwas als Fehler erkennen, was ich damals mit bester Absicht oder aus Unkenntnis gemacht habe. Möglicherweise gibt es andere Dinge, bei denen ich schon eine böse Vorahnung hatte oder die ich mit einem schlechten Gewissen getan habe. Hier bin ich auf irgendeine Art schuldig geworden. Demgegenüber gibt es aber auch Dinge in meinem Leben, auch eigene Entscheidungen, für die ich im nachhinein sehr dankbar bin. So manche Sache hätte ich kaum besser machen können.

Wie dem auch sei, jetzt, am Ende der Betrachtung, kann ich möglicherweise sagen: Dies ist *mein* Leben, dies sind die Karten, die ich in der Hand halte, und damit muß ich spielen: Es gibt ein paar hohe Karten, echte Asse, aber es gibt auch mal eine Pik-Sieben oder anderes dazwischen. Aber jetzt will ich damit weiterleben, ich will *leben*!

Als Frage bleibt aber: Wie gehe ich mit den Verwundungen, mit den Kränkungen, mit den (wiederholten) Mißerfolgen um? Kann ich die Bruchstücke wieder zusammenleimen, in der erneuten Hoffnung, daß es diesmal hält? Ich habe vielleicht schon früher einmal einen neuen Anlauf gemacht, aber nach einiger Zeit bin ich doch wieder hingefallen. Ich habe ihm/ihr/mir selbst verziehen, wir haben neu angefangen, aber es hat doch nicht so recht geholfen. Ich habe zu mir selbst und zu andern gesagt: Okay, alles ist vergeben und vergessen, wir fangen neu an.

Vergeben und vergessen? – »Vergeben« heißt aber gerade nicht »vergessen«. Das Vergessen sieht über etwas hinweg. Es sagt: Das gab es einfach nicht, das, was da schiefging in meinem Leben oder zwischen uns. Ich will es nicht mehr sehen, nicht mehr daran denken.

Das ist genaugenommen keine Vergebung. Wenn ich einem anderen etwas vergebe oder ein anderer mir etwas vergibt, dann heißt das nun gerade nicht: Ich sehe da nicht mehr hin und tue so, als wäre nichts gewesen. Im Gegenteil: Ich weiß sehr gut, was da schiefgegangen ist, ich schaue sehr genau hin auf das, was danebenging, wo ich versagt habe oder wo der andere versagt hat. *Vergeben deckt nicht zu, es deckt auf.*

Und wenn ich gründlich erkannt habe: Ja, so ist das gelaufen und dazu stehe ich wohl oder übel, dann sagt mir der andere, wenn er mir vergibt: Es braucht dein Leben nicht zu bestimmen. Der Fehltritt hat nicht das letzte Wort.

Mehr noch: Wenn ich einem anderen wirklich verzeihe, dann schaue ich ganz genau hin und sage dann: Ich bin bereit, deinen Fehler mitzutragen, ihn auf mich zu nehmen. Dein Fehler ist (auch) mein Fehler, dein Gutes ist (auch) mein Gutes, denn wir gehören zusammen. Ich rechne dir deinen Fehler nicht mehr an, denn wir gehen trotzdem gemeinsam weiter. Das ist echte Solidarität. Genau das sagt Gott zu uns in dem vielzitierten Jesuswort »Deine Sünden sind dir vergeben«: Ich bin mit dir solidarisch, dein Fehler ist auch mein Fehler, ich nehme ihn mit dir auf mich, du gehörst zu mir, wir gehören zusammen.

1. – 7. Tag: Textmeditationen: »Umschwung«

Methodisch gesehen steht diese Woche im Zeichen der Textmeditationen. Die Texte, die wir Ihnen zur Besinnung anbieten, haben alle etwas zu tun mit dem Umschwung von Krise, Krankheit, Nicht-Können hin zu einem Neubeginn, bei dem Gott sagt: Für mich bist du gut genug – folge mir nach. Die Perspektive ist die Zukunft: Wo gehe ich hin?
Die Reihenfolge der Texte ist nicht wichtig. Sie können auch über einen Text mehrmals meditieren und andere weglassen. Darum verzichten wir hier auf eine Verteilung über die einzelnen Wochentage. Es ist besser, einen Text gründlich auf sich wirken zu lassen und im Alltag mit sich zu tragen, als mit Ehrgeiz alle Texte »durchzuackern«. Also seien Sie ruhig wählerisch, nehmen Sie sich den Text vor, von dem Sie beim Durchlesen spüren, daß er Ihnen etwas zu sagen hat.
Dazu gibt es jeweils eine ausführliche Hilfe zur Textbetrachtung. Diese Hilfen sind tatsächlich nur als Hilfen gemeint: Wenn sie Ihnen nicht helfen, lassen Sie sie ruhig weg. Oft empfiehlt es sich sogar, einen Text zunächst einmal (z.B. morgens) nur zu lesen und – wenn überhaupt – dann erst in einem zweiten Lesegang auch die Betrachtungshilfen zu Rate zu ziehen. Wichtig ist, daß ein Text Sie anspricht und weiterbringt.

Text I: Mk 10,17–27

Als sich Jesus wieder auf den Weg machte, lief ein Mann auf ihn zu, fiel vor ihm auf die Knie und fragte

ihn: Guter Meister, was muß ich tun, um das ewige Leben zu gewinnen? Jesus antwortete: Warum nennst du mich gut? Niemand ist gut außer Gott, dem Einen. Du kennst die Gebote: Du sollst nicht töten, du sollst nicht die Ehe brechen, du sollst nicht stehlen, du sollst nicht falsch aussagen, du sollst keinen Raub begehen; ehre deinen Vater und deine Mutter! Er erwiderte ihm: Meister, alle diese Gebote habe ich von Jugend an befolgt. Da sah ihn Jesus an, und weil er ihn liebte[5]*, sagte er: Eines fehlt dir noch: Geh, verkaufe, was du hast, gib das Geld den Armen, und du wirst einen bleibenden Schatz im Himmel haben; dann komm und folge mir nach! Der Mann aber war betrübt, als er das hörte, und ging traurig weg; denn er hatte ein großes Vermögen.*
Da sah Jesus seine Jünger an und sagte zu ihnen: Wie schwer ist es für Menschen, die viel besitzen, in das Reich Gottes zu kommen! Die Jünger waren über seine Worte bestürzt. Jesus aber sagte noch einmal zu ihnen: Meine Kinder, wie schwer ist es, in das Reich Gottes zu kommen! Eher geht ein Kamel durch ein Nadelöhr, als daß ein Reicher in das Reich Gottes gelangt. Sie aber erschraken noch mehr und sagten zueinander: Wer kann dann noch gerettet werden? Jesus sah sie an und sagte: Für Menschen ist das unmöglich, aber nicht für Gott; denn für Gott ist alles möglich.

Hilfen zur Textbetrachtung:

- Jesus macht sich wieder auf den Weg, der junge Mann trifft ihn »unterwegs« an, irgendwann zu irgendeinem Moment auf seinem Lebensweg.
- Der junge Mann wendet sich an ihn wie ein Jünger an einen Guru. Jesus verweigert diese Rolle, er sucht keine Sklaven oder Bewunderer, er sucht eher Menschen, die ihm auf seinem Weg folgen, die denselben Weg gehen wollen wie er.

* Gebote, auch die »Zehn Gebote«, sind Weisungen, Richtungsanzeiger. Sie weisen einem die gute Richtung. Sie sind wie die Bordsteinkante: Wenn du mit deinem Auto über diese Grenze fährst, dann landest du im Straßengraben.
* Gebote sind Einladungen zu einem glücklichen Leben: Wenn du dich davon leiten läßt, wird es dir gutgehen.
* Das Befolgen der Gebote ist nur ein erster Schritt. Es ist wie ein Tor, durch das man hindurchgeht. Dahinter gibt es noch viel mehr zu entdecken. Man wird Weggefährte, Partner, Freund.
* Jesus sieht den jungen Mann liebevoll an: Was denn, willst du wirklich aufs Ganze gehen? Bist du einer meiner Weggefährten, einer meiner Freunde? Ich schaue dich an, und auf einmal sehe ich, wer du wirklich bist, wer du sein kannst, wer du sein wirst. Du und ich, wir gehören zusammen, wir sind aus demselben Vater, aus demselben Holz geschnitzt...
* Alles, was in deinem Besitz ist – verkaufe es, verschenke, verschleudere es, es ist im Grunde nur lästig. Was du nur für dich selbst hast, nützt dir nicht viel. Alles wird erst fruchtbar, wenn du es (für andere) einsetzt. Was du nur für dich und in dir selbst anhäufst, was du in Schweigen hüllst, mit Macht besitzt, das ist im Weg.
* Reichtum hat sehr viele Seiten: Sogar Ohnmacht, Unvermögen, das Gefühl von Ausweglosigkeit, an das man sich klammert, können Reichtum sein im Sinne von Macht, wovon es sich zu lösen, zu befreien gilt; auch harte Prinzipien, eine fixe Idee wie: »Ich muß immer arbeiten« oder: »Meine Kinder müssen unbedingt nach den und den (d.h. meinen) Regeln aufwachsen«.
* Hab keine Angst, Gott nimmt dir nichts weg von dem, was du nötig hast. Gott raubt dir nicht deinen

Mann/deine Frau/deine Kinder: Alles, was in die Liebe eintreten kann, wird mit dir gehen...

* Der junge Mann ging traurig weg, denn er hatte ein großes Vermögen. Er konnte so viel, aber er vermochte es nicht loszulassen. Seine Reaktion ist bezeichnend: Nicht böse ist er, sondern traurig. Welche Möglichkeiten gäbe einem die Liebe...
* Auch Jesus ist enttäuscht. Gerade noch hatte er jemanden vor sich gesehen, der ein potentieller Freund war. Er hatte geglaubt: Du gehörst dazu, du bist auch einer von uns. Jetzt kehrt er sich um zu seinen Jüngern, er sieht sie an: Mein Gott, wie schwer ist es doch für einen, der so viel hat, etwas abzugeben, loszulassen, wirklich frei zu sein, glücklich zu werden, ohne etwas verteidigen zu müssen. Den Sprung wagen – wie schwer ist das, wenn man dabei kalkuliert und nachdenkt, was einem erhalten bleibt und was nicht. Wer immer nur kalkuliert, wer sich nicht hingibt, sondern beherrschen und besitzen will, wie kann der je wirklich lieben, wirklich Freund sein? Eher geht ein Kamel durch ein Nadelöhr...
* Ach du Schreck! Das schaffe ich ja nie, das kann ja kein Mensch schaffen, wer bringt denn so etwas zustande?
* Es ist auch nicht zu »schaffen«, du brauchst nichts zu »bringen«, zu leisten. Nach menschlichem Ermessen geht das auch gar nicht. Das geht nur, wenn man sich Gott überläßt. Und wieder sieht Jesus seine Freunde an. Es ist, als ob ihm langsam aufginge, wer oder was ein Lehrling, Jünger, Freund auf seinem Weg ist. Er liest es ab an ihren Gesichtern, an ihnen, den Jüngern, ganz gewöhnlichen Menschen. Gott braucht keine Helden, er braucht Freunde. Ein Kamel geht von selbst niemals durch ein Nadelöhr, es sei denn, es *läßt* sich gleichsam hindurchziehen, es »über-*läßt*« sich Gott. Für den, der liebt, ist nichts

unmöglich, Liebe schafft alles; für Gott, die Liebe in Person, ist alles möglich.

Text II: Ex 17,1–7

Die ganze Gemeinde der Israeliten zog von der Wüste Sin weiter, von einem Rastplatz zum andern, wie es der Herr jeweils bestimmte. In Refidim schlugen sie ihr Lager auf. Weil das Volk kein Wasser zu trinken hatte, geriet es mit Mose in Streit und sagte: Gebt uns Wasser zu trinken! Mose aber antwortete: Was streitet ihr mit mir? Warum stellt ihr den Herrn auf die Probe? Das Volk dürstete dort nach Wasser und murrte gegen Mose. Sie sagten: Warum hast du uns überhaupt aus Ägypten hierher geführt? Um uns, unsere Söhne und unser Vieh verdursten zu lassen? Mose schrie zum Herrn: Was soll ich mit diesem Volk anfangen? Es fehlt nur wenig, und sie steinigen mich. Der Herr antwortete Mose: Geh am Volk vorbei, und nimm einige von den Ältesten Israels mit; nimm auch den Stab in die Hand, mit dem du auf den Nil geschlagen hast, und geh! Dort drüben auf dem Felsen am Horeb werde ich vor dir stehen. Dann schlag an den Felsen! Es wird Wasser herauskommen, und das ganze Volk kann trinken. Das tat Mose vor den Augen der Ältesten Israels. Den Ort nannte er Massa und Meriba (Probe und Streit), weil die Israeliten Streit begonnen hatten, indem sie sagten: Ist der Herr in unserer Mitte oder nicht?

Hilfen zur Textbetrachtung:

* Das Volk Israel zieht durch die Wüste: Ihr Leben ist ein einziger Wüstenzug mit vielen Entbehrungen, mit Hunger und Durst nach mehr. Oft taucht der Gedanke auf: Eigentlich hatten wir es gar nicht so

schlecht in Ägypten, wir waren zwar Sklaven, ständig in der Gefahr, daß alles Leben in uns ausgelöscht wurde und wir stumpfsinnig vor uns hinlebten, aber wir hatten zumindest genug zu essen. Wären wir doch nur in Ägypten geblieben! Warum hat Gott, warum hat Mose (vielleicht war es gar nicht Gott, sondern nur dieser komische Mose?) uns denn da überhaupt herausgeholt? Soll er uns doch mal zeigen, was er sich dabei gedacht hat!

* Ich habe Durst! Es ist mir einfach zu trocken hier. Wie viele Durststrecken soll ich denn noch durchstehen? Das soll Gottes Weg mit mir sein? Daß ich nicht lache! Mein Leben ist genauso hart und trocken wie der Felsen- und Wüstengrund, über den wir gehen müssen.
* Alles in mir, an meiner Situation ist verhärtet, ein Fels neben dem anderen. Mein eigenes Herz ist manchmal schon so hart wie ein Stein, auch wenn ich es selbst nicht will. Die Sonne versengt alles, alles trocknet aus, jedes bißchen Wasser, das in mir ist, vertrocknet.
* Die Fronten in meiner Umgebung haben sich verhärtet. Es gibt kein Entrinnen aus der Wüste ...
* Kann Gott denn sogar aus total versteinerten Herzen noch lebendiges Wasser quellen lassen?
* Mose muß am Volk vorbeiziehen, er muß es gleichsam überholen, darf sich nicht mitschleppen lassen im passiven Gemurre. Er selbst muß sich auf Gott einlassen, um aus dieser Situation noch etwas zu machen, um den Durst zu stillen. Wir dürfen Mose nicht alleine lassen...
* Schlag auf den Felsen, klopfe ihn ab, vielleicht steckt doch noch etwas völlig Unerwartetes in ihm. Vertraue darauf: Er kann zu einer Lebensquelle werden, an der viele ihren Durst löschen können.
* Der Spuk ist vorbei, es gibt wieder Wasser, die Durst-

strecke liegt hinter uns. Was aber hat die Sache so schwer gemacht? Im Grunde nur unser eigener nagender Zweifel; wir haben nicht wirklich vertraut, gerade in den Momenten, in denen es allem Augenschein nach nicht mehr weiterging. Was könnte Gott doch aus einem Menschen machen, wenn dieser sich ihm ganz überließe!

Text III: Mk 2,1–12

Als Jesus einige Tage später nach Kafarnaum zurückkam, wurde bekannt, daß er wieder zu Hause war. Und es versammelten sich so viele Menschen, daß nicht einmal mehr vor der Tür Platz war; und er verkündete ihnen das Wort. Da brachte man einen Gelähmten zu ihm; er wurde von vier Männern getragen. Weil sie ihn aber wegen der vielen Leute nicht bis zu Jesus bringen konnten, deckten sie dort, wo Jesus war, das Dach ab, schlugen die Decke durch und ließen den Gelähmten auf seiner Tragbahre durch die Öffnung hinab. Als Jesus ihren Glauben sah, sagte er zu dem Gelähmten: Mein Sohn, deine Sünden sind dir vergeben! Einige Schriftgelehrte aber, die dort saßen, dachten im stillen: Wie kann dieser Mensch so reden? Er lästert Gott. Wer kann Sünden vergeben außer dem einen Gott? Jesus erkannte sofort, was sie dachten, und sagte zu ihnen: Was für Gedanken habt ihr im Herzen? Ist es leichter, zu dem Gelähmten zu sagen: Deine Sünden sind dir vergeben, oder zu sagen: Steh auf, nimm deine Tragbahre, und geh umher? Ihr sollt aber erkennen, daß der Menschensohn die Vollmacht hat, hier auf der Erde Sünden zu vergeben. Und er sagte zu dem Gelähmten: Ich sage dir: Steh auf, nimm deine Tragbahre, und geh nach Hause! Der Mann stand sofort auf, nahm seine Tragbahre und ging vor aller Augen weg. Da gerieten alle außer sich; sie priesen Gott und sagten: So etwas haben wir noch nie gesehen.

Hilfen zur Textbetrachtung:

* Es waren so viele Leute da... Manchmal können einem die Leute gewaltig im Weg stehen, mit ihren Meinungen, ihrer Neugier, ihrem »small-talk«. Man kann vor lauter Leuten, Lärm und Meinungen nicht mehr zum Wesentlichen finden. – Was die wohl über einen denken, was die wohl dazu sagen?
* Da ist einer, der es nicht mehr aus eigener Kraft schafft. Irgend etwas hat ihn lahmgelegt. Er will nicht mehr. Andere müssen ihn tragen, der Ofen ist aus, es hat doch keinen Sinn mehr. Er ist nicht mehr imstande, einen echten Schritt zu tun. Er ist schon so oft am Boden gelandet, jetzt bleibt er liegen, er will nicht mehr aufstehen. Es gibt so vieles, was ihn (r)unterdrückt; alles ist zwecklos, bei ihm sind Hopfen und Malz eben verloren – ein Gelähmter.
* Aber er hat Freunde, Menschen, die ihn irgendwie in dem unterstützen, was für ihn lebenswichtig ist; vier, an jeder Seite einen, wie Schutzengel; ganz unkonventionelle Leute, die sich aus reiner Freundschaft und echter Überzeugung durch nichts abschrecken lassen, auch nicht von dem, was die Leute denken oder sagen. Wenn's schon nicht auf normalem Wege geht, dann müssen wir halt durch die Decke!
* Deine Sünden sind dir vergeben: Das, was dich lähmt, hat nicht das letzte Wort. Du brauchst dich nicht davon bestimmen zu lassen. Du bist ein freier Mensch, deine Freunde haben dich soweit gebracht. Das allein schon ist ein Grund, nicht aufzugeben, die Flinte nicht ins Korn zu werfen.
* »Steh auf, nimm deine Tragbahre und geh!« Ausge-

rechnet das, worauf er so lange festgelegen hat, muß er jetzt auf sich nehmen. Nichts ist vergessen, aber nichts braucht ihn mehr lahmzulegen: Er kann wieder in Bewegung kommen, sein Leben auf sich nehmen.

* Ausgerechnet das, was ihn so lange lahmgelegt hat, das muß er jetzt in die Hand nehmen und mit sich herumschleppen. Der Getragene wird zum Träger... Wer weiß, wen er auf dieser Bahre noch mal tragen wird. Geh nur, du darfst nach Hause, dorthin, wohin du gehörst. Keine großen Forderungen, kein Jesusgejubel, keine schweren Auflagen.
* So etwas bringt einen ganz schön aus dem Häuschen! So etwas hat man ja noch nie gesehen! Stimmt das alles oder ist es nur ein Traum? Aber: Vielleicht stimmen deine Träume!

Text IV: Lk 15,11–24

Weiter sagte Jesus: Ein Mann hatte zwei Söhne. Der jüngere von ihnen sagte zu seinem Vater: Vater, gib mir das Erbteil, das mir zusteht. Da teilte der Vater das Vermögen auf. Nach wenigen Tagen packte der jüngere Sohn alles zusammen und zog in ein fernes Land. Dort führte er ein zügelloses Leben und verschleuderte sein Vermögen. Als er alles durchgebracht hatte, kam eine große Hungersnot über das Land, und es ging ihm sehr schlecht. Da ging er zu einem Bürger des Landes und drängte sich ihm auf; der schickte ihn aufs Feld zum Schweinehüten. Er hätte gerne seinen Hunger mit den Futterschoten gestillt, die die Schweine fraßen; aber niemand gab ihm davon. Da ging er in sich und sagte: Wie viele Tagelöhner meines Vaters haben mehr als genug zu essen, und ich komme hier vor Hunger um. Ich will aufbrechen und zu meinem Vater gehen und zu ihm sagen: Vater, ich habe mich gegen den Himmel und gegen dich versündigt. Ich bin nicht mehr wert, dein Sohn zu sein; mach mich zu deinem Tagelöhner. Dann brach er auf und ging zu seinem Vater. Der Vater sah ihn schon von weitem kommen, und er hatte Mitleid mit ihm. Er lief dem Sohn entgegen, fiel ihm um den Hals und küßte ihn. Da sagte der Sohn: Vater, ich habe mich gegen den Himmel und gegen dich versündigt; ich bin nicht wert, dein Sohn zu sein. Der Vater aber sagte zu seinen Knechten: Holt schnell das beste Gewand und zieht es ihm an, steckt ihm einen Ring an die Hand und zieht ihm Schuhe an. Bringt das Mastkalb her und schlachtet es; wir wollen essen und fröhlich sein. Denn mein Sohn war tot und lebt wieder; er war verloren und ist wiedergefunden worden. Und sie begannen, ein fröhliches Fest zu feiern.

Hilfen zur Textbetrachtung:

* Mancher hat es nötig, daß er sich einmal ganz weit von zu Hause entfernt, sich in das hineinbegibt, was fremd für ihn ist, um seinen eigenen Weg zu finden und zu gehen. Das ist in Ordnung; der Vater teilt das Vermögen auf...
* Weg, weg, nur weit genug weg. Ich will raus!!! Keine Zwänge mehr, auf nichts mehr Rücksicht nehmen, raus, raus, raus – und auf einmal steht man wirklich bei allem draußen. Irgendwann fängt es an zu regnen, der Hunger kommt. Das, was ich hier draußen erlebe, das füllt mich anscheinend doch nicht so ganz, irgendwie bleibt dabei ein hohles Gefühl im Bauch.
* Etwas Besseres als den Tod werden wir überall finden... Aber dann ausgerechnet Schweine hüten... Mein Leben gleicht wahrlich einem Saustall. Ich kann einfach so nicht mehr weiterleben. Es hilft nichts, ich muß zurückkehren auf meinen Wegen,

wieder da anfangen, von wo ich weggelaufen bin. Alles ist besser als das, wo ich jetzt drinstecke. Ich fühle mich reif für einen »Exodus«, für den Zug durch die Wüste, auch wenn ich dabei draufgehe oder mich als ein billiger Tagelöhner durchschlagen muß. Worauf soll ich noch warten?

* Dann folgt der Entschluß, die Tat, der Aufbruch: »... und er ging zu seinem Vater«.
* Der Vater hatte ihn vermißt, das war seinem Sohn noch gar nicht in den Sinn gekommen. Sein Vater hielt tatsächlich nach ihm Ausschau, sein Vater hatte nur darauf gewartet, daß er endlich zurückfand! Er hat Mitleid (griechisch: sym-patheia), er leidet mit. Endlich, endlich bist du wieder da, du bist mein Sohn, meine Tochter. Du bist mein ein und alles.
* Gott kommt einem wirklich entgegen, wenn man zu ihm aufbricht.
* Ja, ja, du hast dich versündigt, gegen den Himmel, gegen mich, ja, ja; aber jetzt wird es höchste Zeit, daß du dir was anderes anziehst! Begreifst du denn nicht, wie sehr ich mich über dich freue? Mußt du erst noch deine ganze Schuldigkeit loswerden, kannst du nicht einfach glauben, daß dies nichts zählt im Vergleich dazu, daß du wieder da bist?
* Alles wartet auf dich... Komm endlich, komm!

Text V: Lk 5,1–11

Als Jesus am Ufer des Sees Genesaret stand, drängte sich das Volk um ihn und wollte das Wort Gottes hören. Da sah er zwei Boote am Ufer liegen. Die Fischer waren ausgestiegen und wuschen ihre Netze. Jesus stieg in das Boot, das dem Simon gehörte, und bat ihn, ein Stück weit vom Land wegzufahren. Dann setzte er sich und lehrte das Volk vom Boot aus. Als er seine Rede beendet hatte, sagte er zu Simon: Fahr hinaus auf den See! Dort werft eure Netze zum Fang aus! Simon antwortete ihm: Meister, wir haben die ganze Nacht gearbeitet und nichts gefangen. Doch wenn du es sagst, werde ich die Netze auswerfen. Das taten sie, und sie fingen eine so große Menge Fische, daß ihre Netze zu reißen drohten. Deshalb winkten sie ihren Gefährten im anderen Boot, sie sollten kommen und ihnen helfen. Sie kamen, und gemeinsam füllten sie beide Boote bis zum Rand, so daß sie fast untergingen. Als Simon Petrus das sah, fiel er Jesus zu Füßen und sagte: Herr, geh weg von mir; ich bin ein Sünder. Denn er und alle seine Begleiter waren erstaunt und erschrocken, weil sie so viele Fische gefangen hatten; ebenso ging es Jakobus und Johannes, den Söhnen des Zebedäus, die mit Simon zusammenarbeiteten. Da sagte Jesus zu Simon: Fürchte dich nicht! Von jetzt an wirst du Menschen fangen. Und sie zogen die Boote an Land, ließen alles zurück und folgten ihm nach.

Hilfen zur Textbetrachtung:

* Das Volk drängt Jesus so sehr, daß er den festen Boden unter seinen Füßen zu verlieren droht. Er braucht Hilfe, er schafft es wirklich nicht mehr alleine, er braucht Helfer!
* Er sieht sich um, da, wo er steht. Was er sieht, ist für damalige Zeiten wahrlich nichts Besonderes: Da liegen zwei Boote am Ufer, und ein paar einfache Fischer waschen ihre Netze. Das tut man halt, wenn man vom Fischfang zurückkommt.
* Jesus steigt in Simons Boot. Er steigt einfach ein, steigt mit ihm ins selbe Boot, mischt sich einfach so in Simons Leben.
* Fahr mal mit mir ein Stückchen weit weg, sagt er zu

ihm. Verlaß mal kurz das Festland, ich komme einfach mal ein Stückchen mit in dem, was du gewohnt bist: Du fährst jeden Tag hinaus, nimm mich mal ein kleines Stückchen mit in deinem Alltag.

* Damit nicht genug. Nachdem er seinen Vortrag beendet hat, sagt er: »Fahr hinaus auf den See! Dort werft eure Netze zum Fang aus!« Das ist verrückt, Netze auswerfen am hellichten Tage. – Muß man vielleicht ab und zu im Leben einmal etwas Verrücktes tun, um zu echtem Leben zu finden?
* Protest: Die ganze Nacht haben wir nichts gefangen. Wir haben uns angestrengt, die ganze dunkle Zeit hindurch. Wir haben nichts gefangen, nichts erreicht. Wir haben gesucht und so gut wie nichts gefunden. – Trotzdem: Sie tun es. Sie fahren wirklich los.
* Und sie fangen etwas. Plötzlich ist soviel los, daß sie gar nicht alles bewältigen können. Auch sie brauchen Hilfe, ähnlich wie Jesus am Ufer.
* »Als Petrus das sah...« Was »sah« er eigentlich? Sah er den plötzlichen Erfolg, die vielen Fische, gefangen aus einer aussichtslosen oder gar widersinnigen Position heraus? Sah er ein magisches Wunder? Seine Reaktion gegenüber Jesus weist eher in eine andere Richtung: Er hat erkannt, daß etwas dran ist an dem, was Jesus vertritt, wozu er ihm geraten hat. In Anbetracht dessen, was alles möglich ist, dämmert es ihm: Hier bricht ein völlig neues Leben auf, dessen ich mich niemals wert gefühlt habe. Warum ich? Ich bin doch nur ein einfacher, sündhafter Mensch! – Ebenso ging es den anderen.
* Hab keine Angst, ab jetzt wird alles anders gehen. Du bleibst, wer du bist, ein Fischer. Dich selbst, deinen Charakter, das, was du wirklich bist, wirst du nicht verlieren. Aber genau darin eröffnet sich eine andere Dimension. Ab jetzt geht es nicht mehr um »kleine Fische«, ab jetzt geht es wirklich um Menschen.

* »Sie ließen alles zurück...« Ja, kann man das denn noch in der heutigen Zeit? Einfach so, weg von allem und abhauen? Zurücklassen kann auch heißen: hinter sich lassen, übersteigen; das, was bislang das Leben bestimmt hat, bekommt einen ganz anderen Stellenwert. Andere Dinge werden wichtig, es gibt eine neue Ordnung im Leben. Die täglichen Bedürfnisse stehen nicht mehr so im Mittelpunkt.
* »Sie ließen alles zurück...« Dies ist nicht unbedingt ein einmaliger Moment. Es kann auch ein Prozeß sein, es kann nach und nach geschehen, einfach, weil man nach und nach ein anderes Leben, mit anderen Prioritäten, führt.
* Es gibt auch Menschen, die einmal alles zurücklassen, aber im Laufe der Zeit wieder neue Dinge anhäufen. Gott jedoch hört nicht auf, neu zu rufen...

Andere passende Texte zur selbständigen Erarbeitung:
Text VI: Mt 18,21–35
Text VII: Joh 15,12–17

Wochenreflexion

Vergeben, nicht vergessen; versuchen, doch noch einmal einen neuen Start zu machen, auch wenn es unter den gegebenen Umständen beinahe widersinnig erscheint; Hindernisse aus dem Weg räumen, übersteigen; Gott und den Mitmenschen wieder gerade in die Augen schauen; den Blick, noch zweifelnd vielleicht, langsam nach vorne richten, aufschauen.
Darum ging es in der vergangenen Woche. In den Wochen zuvor sind wir mehr oder weniger im Stillstand verharrt: Wir sind der Frage nachgegangen, wo wir herkommen (2.Woche), und wir haben gründlich untersucht, wo wir jetzt stehen (3. Woche). Wir sind nun dar-

auf vorbereitet, neue Schritte zu tun, neu zu beginnen; wir haben gleichsam Anlauf genommen. In der nächsten Woche wird es darum gehen, eine neue Orientierung zu finden, sich Ziele zu stecken und in Bewegung zu kommen.
Bevor wir all dies, was bisher geschehen ist, hinter uns lassen und tatsächlich »zurück-lassen«, weil wir selbst uns von der Stelle bewegen, ist es gut, die Ergebnisse dieser Woche noch einmal festzuhalten, zu bündeln und – soweit das möglich ist – zu besprechen.

Besinnungsfragen:

- Habe ich mich und meine Situation in einem der Texte besonders wiedererkennen können?
- Gab es darin Dinge, bei denen Vergebung nötig ist? – Wem muß (mußte) *ich* etwas vergeben? – Wer muß(te) *mir* etwas vergeben?
- Gibt es jetzt noch Dinge, die mir im Wege stehen? Wenn ja, dann benenne ich diese jetzt so deutlich wie möglich und gebe mir Rechenschaft darüber, ob sie tatsächlich eine Entwicklung unmöglich machen.
- *Will* ich weiter?
- Auch wenn ich vielleicht Schwierigkeiten habe, anzunehmen, daß es auch für mich noch neue Horizonte gibt, will ich einfach einmal für eine begrenzte Zeit davon ausgehen, daß es so wäre. Vielleicht ergibt die Rückschau nach einigen Wochen eine veränderte Perspektive. Ich gebe mir selbst und Gott noch eine Chance.

Gebet zur vierten Woche

Dir in die Augen schauen

Guter Gott,
manchmal fällt es mir schwer,
dir in die Augen zu schauen.
Manchmal kann ich es nicht,
manchmal hab ich auch einfach keine Lust.
Dann will ich einfach mir selbst gehören,
Dinge tun im Halbdunkel,
von denen ich weiß,
daß sie das Licht nicht ganz vertragen.
Ich kann doch nicht immer nur gut sein und rein! –
Doch reut es mich immer, wenn auch nicht sofort,
aber irgendwo in meinem Innern lacht
eine falsche Stimme.
Die will nicht, daß ich dir gehöre,
die will nicht, daß ich aufrecht vor dir stehe,
die sagt mir: Du schaffst es ja doch nie!
Perfekt brauche ich nicht zu werden
– un-menschliche Perfektion –
aber ich will dir in die Augen sehen.
Damit ich leben kann,
wirklich leben,
wenn es mir endlich ernst ist
mit dir.
Ich will dir in die Augen schauen
bei allem, was ich tue;
keusch sein,
das heißt, mir nichts aneignen,
nichts zu mir herholen, das mir nicht gehört;
Beziehungen leben,
so wie du sie leben würdest.
Du, Liebe
mit allem Drum und Dran.

V. Die fünfte Woche: Hören auf den Ruf Gottes – Unterscheidung

Hinführung: Gottes »Stimme«

Die Fragen, die uns in dieser Woche leiten, sind in etwa die folgenden: Wo und wie kann ich Gottes Stimme hören? Wie wirkt sein Geist in mir und anderen? Wozu lädt Gott mich ein? Wozu ruft er mich? Worin liegt meine »Be-*ruf*-ung«?
Natürlich sind Ausdrücke wie »Gottes Stimme hören«, »Gottes Ruf« usw. bildhafte Ausdrücke. Gott hat im real-empirischen Sinne keine Stimme, die man z. B. auf ein Tonband aufnehmen könnte. Dennoch sagen wir: Gott »spricht« zu uns, und zwar in den Situationen des Alltags, im Empfinden unseres Herzens, in unserem Gewissen, in dem, was andere Menschen uns sagen, im Erleben des Schönen, der Natur. Unser eigenes, ganz konkretes Leben ist der Ort, das »Wo«, in dem Gott zu uns spricht. Das, was ich erlebe, kann mir etwas »sagen« und tiefergehende Bedeutung erlangen.
Wie aber kann ich unter den vielen »Stimmen«, die mich im Alltag umgeben und die sich in meinem Herzen wiederfinden, die Stimme Gottes erkennen? Kann ich darin unterscheiden, was mich wirklich weiterbringt und was mich in die falsche Richtung führt? Absolute Sicherheit gibt es in dieser Sache nicht, sonst hätte man ein perfektes (und totalitäres) System in der Hand, mit dessen Hilfe man Gott quasi in die eigene Tasche stecken könnte. Aber es gibt Erfahrungen, es gibt Tendenzen und Richtungen, von denen man versuchsweise annehmen darf, daß darin der »gute Geist« wirksam wird. Ebenso gibt es Erfahrungswerte, die anzeigen, daß es sich bei diesem oder jenem Unternehmen

um eine Sache handelt, in der kein guter Geist herrscht. Darin lassen sich, wenn auch recht begrenzt, einige Kriterien herausarbeiten. Man spricht hier von der »Unterscheidung der Geister«, so wie der heilige Ignatius dies, im Anschluß an den Apostel Paulus, genannt hat. »Geister« meint hier keine dämonischen Kräfte (auch wenn die Bibel dafür oft das Sinnbild eines Dämons gebraucht), sondern zunächst einmal die Unterscheidung, ob etwas im »guten Geiste«, im Geist der Liebe, geschieht oder nicht. Wir werden Ihnen in dieser Woche anhand eines Vergleiches einige Regeln dazu vorstellen.

1. Tag: Vergleich mit dem Boot auf dem See

Stellen Sie sich vor, Sie fahren mit einem Ruderboot oder einem Segelboot irgendwo auf einem größeren See. Dieser See wird von einigen Flüssen und Bächen gespeist, und er läuft irgendwo hinter dem Horizont auf einen Wasserfall zu. Die Sonne scheint, Sie lassen sich treiben, es ist schön gemütlich – es passiert weiter nichts. Das Boot dreht mal links herum, mal rechts herum, Sie merken erst einmal gar nicht, daß es Strömungen gibt.

Das ist für viele Menschen die alltägliche Situation. Man läßt sich irgendwie ein bißchen treiben – mal links, mal rechts ein paar kleine Ruderschläge – weiter ist nicht viel los. Bloß nichts verändern – und der Wasserfall, ach ja, der ist ja in weiter Ferne, was wohl auch stimmt.

In diesem Zustand kann man jahrelang verharren, man lebt so dahin, man treibt auf den kleinen, oberflächlichen Wellen und hat von echten Strömungen im Grunde keine Ahnung.

Ganz anders wird es erst, wenn man Kurs auf ein Ziel nimmt. Man hißt die Segel oder rudert mit Kraft, um ir-

gendwohin zu kommen. Auf einmal bemerkt man, welche Strömungen in diesem scheinbar so ruhigen See herrschen: von rechts, von links, von vorn oder von hinten. Plötzlich gibt es viel neues Leben. Manchmal helfen einem die Strömungen ein wenig, manchmal muß man sich gegen sie durchsetzen.
Dann fängt das an, was wir die »Unterscheidung der Geister« (lies: der Strömungen) genannt haben. Welche Richtung führt zu Gott, ist Gottes Wille? Und welche Strömung führt uns weg vom Ziel? Wo hilft mir die Strömung, wo muß ich sie quasi umfahren, oder wogegen muß ich mich regelrecht widersetzen?

Das Erste und Wichtigste ist, daß man überhaupt selbst einmal wirklich in Bewegung kommt, Kurs auf ein Ziel nimmt, die Verantwortung für sein Leben auf sich nimmt, um etwas aus seinem Leben zu machen und nicht einfach so dahinzuplätschern auf einem Niveau, auf dem es vielleicht so gerade auszuhalten ist. Das ist das Allerwichtigste, denn sonst nimmt man die Bewegungen nicht als echte Strömungen, sondern nur als oberflächliche Wellen wahr, die das Boot, in dem man sitzt, mal rechts und mal links herum drehen.
Es gibt Leute, die ihr ganzes Leben lang die Frage vor sich herschieben, was denn nun Gottes Wille sei. Wenn sie das endlich einmal mit Sicherheit wüßten, würden sie sich natürlich sofort daran halten und ihr Leben danach ausrichten. Aber Gottes Wille ist keine festes Drehbuch, sondern etwas, worauf man sich Schritt für Schritt einläßt. Das ist wie eine Entdeckungsreise, auf die man sich begibt, wo man einfach mal den ersten Schritt tut und erst dann nach dem nächsten fragt. Gottes Wille ist nicht abstrakt, er läßt sich nicht losgelöst von der konkreten Wirklichkeit feststellen. Er läßt sich nicht im voraus überblicken, man kann somit keine unfehlbare Strategie daraus entwickeln, um sie

dann machtvoll auszubauen. Die Bibel spricht von Gottes Willen als einer »Lampe vor deinen Füßen«, sie scheint nicht weiter als für den jeweils nächsten Schritt. In einem anderen Bild ausgedrückt: Glauben kann man nicht auf der Tribüne, man muß jeden Augenblick aktiv mitspielen.

(1) Nehmen Sie heute diesen Vergleich mit in den Tag.
(2) Versuchen Sie, sich für diesen einen Tag in allem, was Sie tun und lassen, was Sie sagen, was Sie entscheiden, in die Richtung zu bewegen, in der Sie Gottes Willen vermuten.
(3) Schreiben Sie am Abend Ihre Erfahrungen auf.

2. Tag: Zielsuche

Kurs auf ein Ziel nehmen. Welches Ziel? Das ist für jeden Menschen unterschiedlich, das Ziel des einen ist nie genau dasselbe wie das eines anderen. Jeder hat in seinem Leben ein einzigartiges, sein persönliches Ziel. Dennoch gibt es für alle ein paar Gemeinsamkeiten. Ganz allgemein gesagt geht es immer darum, *Liebe zu verwirklichen*, und zwar auf die Art und Weise, die der jeweils ureigenen Art entspricht. Es geht darum, *wirklich* zu *leben*, nicht nur scheinbar oder oberflächlich, d.h. ganz konkret das, was im Wege steht, anzugehen und zu bewältigen; halbe Wahrheiten als halbe Lügen zu durchschauen; geradezustehen für das, was man wirklich empfindet. Es gibt aber auch Ziele, die damit nicht übereinstimmen. So kann es im allgemeinen nicht darum gehen, sich zu bereichern, auf Kosten anderer Karriere machen zu wollen oder ähnliches. Abstrakte Ziele oder Grundausrichtungen im Leben, wie z.B. »Ich möchte mein ganzes Leben in den Dienst am Menschen stellen«, haben immer wieder konkrete

Teilziele. Es geht in der Unterscheidung der Geister immer um konkrete (oder konkret zu machende) Entscheidungen, die ins alltägliche Leben hineinreichen.
Kurs auf ein Ziel nehmen. In dem Moment wird es interessant. Es ist nicht entscheidend, ob ich jetzt schon genau weiß, wo ich ankommen möchte. Als Kolumbus sich aufmachte, eine neue Welt zu entdecken, da wähnte er sich, angekommen in Amerika, in Indien. Viel wichtiger also ist es, sich überhaupt erst einmal in eine bestimmte Richtung zu bewegen. Wenn ich mir – vielleicht noch recht vage – ein Ziel gesetzt habe, dann stellt sich die Frage: Worauf muß ich achten, welche Strömungen, welche Stimmen in mir selbst oder in meiner Umgebung bringen mich in der guten Richtung voran, welche bringen mich vom Kurs ab? Anders gesagt: Worauf muß ich achten, wenn ich Gottes Willen mit mir erkennen will?
Hierbei gilt als eine Art Faustregel: Solange ich mich noch nicht auf meinem eigenen Weg befinde, noch nicht Kurs auf ein Lebensziel genommen habe, sondern einfach so auf dem See des Lebens herumplätschere, solange ist es dem schlechten Geiste eigen, mir behagliche Vorstellungen einzugeben, mich in meiner Situation so zu bekräftigen, daß es gerade noch auszuhalten ist und ich nur ja nichts verändere. Der gute Geist ist es dann, der einen unruhig macht, wachrüttelt, zum Handeln mahnt.
Anders ist es, wenn ich mich – bei aller Relativität – innerlich auf dem rechten Weg befinde, also Kurs auf (m)ein Ziel genommen habe: Dann ist es der gute Geist, der mich darin wirklich ermutigt, und es ist der schlechte Geist, der mich unsicher macht oder der mir sagt: Du schaffst das ja doch nicht. Diese Unterscheidung gilt auch für Teilbereiche: Da, wo ich in meinem Herzen (in meinem »Ge-Wissen«) spüre, daß ich schiefliege, macht der gute Geist mich unruhig und der

schlechte Geist verharmlost alles oder gibt mir Ausreden oder (schein-)heilige Motive ein; dort, wo ich im Kurs richtig liege, versucht die falsche Stimme mich zu entmutigen oder den Kurs irgendwie umzubiegen, die gute Stimme aber ermutigt mich, gibt Vertrauen, führt mich zu echtem Leben, zur Ehrlichkeit.

Das sind die Anfangsregeln der Unterscheidung der Geister. Absolute Sicherheit gibt es dabei nicht, es bleibt am Ende immer auch eine Sache des Vertrauens. Wenn es diese Sicherheit gäbe, dann hätte man, wie gesagt, ein ausgesprochen totalitäres Mittel, um Gottes Willen – Gott selbst – in den Griff zu bekommen. Aber Liebe läßt sich nicht greifen, nicht packen: Wenn man sie in der Hand behalten will, zerrinnt sie wie feiner Sand zwischen den Fingern.

Ein zweiter wichtiger Punkt hierzu: Viele Entscheidungen (Unterscheidungen) muß man faktisch alleine treffen, aber um sich selbst nichts vorzumachen, ist es äußerst ratsam, besonders in wichtigen Dingen, nicht alleine zu unterscheiden und zu entscheiden, sondern sich jemandem anzuvertrauen, der einem dabei hilft. Dieser »Jemand« wird in vielen Fällen Ihr(e) Ehepartner(in) sein und/oder ein(e) nahestehende(r) Freund(in). Es kann auch jemand sein (Mann oder Frau), der für Sie auf irgendeine Art ein geistlicher Ratgeber ist, an den Sie sich alleine oder auch mit dem Partner wenden.

Versuchen Sie an diesem zweiten Tag, sich über das hier Gesagte Gedanken zu machen – bei der morgendlichen Meditation, im Laufe des Tages und bei der Meditation mit der Reflexion am Abend. Ein sehr praktischer Tip dazu ist der folgende: Führen Sie tagsüber einen kleinen Zettel oder Block mit einem Kugelschreiber bei sich, so daß spontane Gedanken, die oft in völlig unerwarteten Situationen entstehen, nicht verlorengehen.

Versuchen Sie dabei, eine Grundrichtung für Ihr Leben

zu umschreiben. Formulieren Sie dazu Zwischenziele und – so konkret wie möglich – die ersten Schritte auf dem Weg dorthin. Stören Sie sich dabei nicht zu sehr an Ihrer eigenen oder der von anderer Seite geäußerten Einschätzung dessen, was tatsächlich möglich ist oder nicht. Lassen Sie sich Ihrer Träume nicht berauben, denn manches, was zunächst unmöglich erschien, ist im Laufe der Jahre schon oft wahr geworden. Gehen Sie ruhig davon aus, daß das, was Gott tief in ihr Herz gelegt hat, auch realisierbar ist, auch dann, wenn der Weg dorthin noch nicht klar ist. Mehr als die ersten Schritte brauchen Sie nicht zu planen.

3. Tag: Textmeditation: Die Berufung Samuels

Der junge Samuel versah den Dienst des Herrn unter der Aufsicht Elis. In jenen Tagen waren Worte des Herrn selten; Visionen waren nicht häufig. Eines Tages geschah es: Eli schlief auf seinem Platz; seine Augen waren schwach geworden, und er konnte nicht mehr sehen. Die Lampe Gottes war noch nicht erloschen, und Samuel schlief im Tempel des Herrn, wo die Lade Gottes stand. Da rief der Herr den Samuel, und Samuel antwortete: Hier bin ich. Dann lief er zu Eli und sagte: Hier bin ich, du hast mich gerufen. Eli erwiderte: Ich habe dich nicht gerufen. Geh wieder schlafen! Da ging er und legte sich wieder schlafen. Der Herr rief noch einmal: Samuel! Samuel stand auf und ging zu Eli und sagte: Hier bin ich, du hast mich gerufen. Eli erwiderte: Ich habe dich nicht gerufen, mein Sohn. Geh wieder schlafen. Samuel kannte den Herrn noch nicht, und das Wort des Herrn war ihm noch nicht offenbart worden. Da rief der Herr den Samuel wieder, zum drittenmal. Er stand auf und ging zu Eli und sagte: Hier bin ich, du hast mich gerufen. Da merkte Eli, daß der Herr den Knaben gerufen hatte. Eli sagte zu Samuel: Geh, leg dich schlafen! Wenn er dich (wieder) ruft, dann antworte: Rede, Herr, denn dein Diener hört. Samuel ging und legte sich an seinem Platz nieder. Da kam der Herr, trat (zu ihm) heran und rief wie die vorigen Male: Samuel, Samuel! Und Samuel antwortete: Rede, denn dein Diener hört. (1 Sam 3,1–10)

Hilfen zur Textbetrachtung:

- Ich lebe mich ein wenig ein in die Person Samuels. Er ist noch jung. Habe ich selbst irgendwo auf meinem Lebensweg so etwas wie einen »Ruf« erfahren? Das heißt: Wurde durch Ereignisse oder durch bestimmte Personen klar: Dies *ist* mein Weg? Es ist auch möglich, daß so etwas mehrfach geschehen ist und daß es darin eine Entwicklung gegeben hat.
- Vielleicht ist aber auch gemeint, daß Samuel noch ganz am Anfang einer (neuen?) geistlichen Entwicklung stand und in diesem Sinne »jung« war. Sind bei mir auch Zeichen eines neuen Anfangs zu spüren? Gibt es irgendwo Zeichen oder Möglichkeiten für einen positiven Ansatz?
- In jener Zeit war ein Gotteswort selten. Wie ist das heute? Wo empfange ich – bei aller menschlichen Relativität – Gottesworte in meinem konkreten Leben?
- Im Text steht, daß die Augen Elis – er war ein Seher (!) und der Lehrer Samuels – schon schwach geworden waren, daß aber die Lampe (Licht!) Gottes noch brannte: Es war kaum etwas zu erkennen, aber das Leben war noch nicht ganz unbrauchbar geworden, es gab noch ein Fünkchen Hoffnung in jenen Tagen, aber es wurde höchste Zeit, daß etwas geschah. – Ist diese Situation mit der Situation unserer Tage vergleichbar? Ist diese Situation irgendwie mit mei-

ner ganz persönlichen Situation vergleichbar? Wenn ja, dann bietet es sich an, die verschiedenen Punkte, die im Text genannt werden, durchzugehen: das (innere/äußere) Leben, das fast zur Neige geht; die Augen (des Herzens), die kaum noch etwas erkennen können; das Gotteslicht (Licht in meinem Leben), das doch noch (»trotzdem«) brennt usw.: Wer oder was steht dafür in meinem Leben?

* Samuel hört die Stimme Gottes, er hat aber noch nicht gelernt, sie zu erkennen. Er denkt immer wieder, daß es ein Mensch (Eli) ist, der ihn ruft. Es dauert einige Zeit, bis er zu sehen lernt (vielleicht auch: innerlich zugeben kann), daß es mehr ist, daß nämlich Gott ihn gleichsam durch Menschen ruft.
* Der junge Samuel wird immer wieder »schlafen« geschickt. Im Neuen Testament wird das Schlafen oft verbunden mit Gottesoffenbarung, besonders in Träumen. Wenn also hier vom »Schlafen« die Rede ist, dann kann das im Klartext auch gerade eine erhöhte Bereitschaft, eine echte Empfänglichkeit, zum Ausdruck bringen. »Geh wieder schlafen!« hieße dann ungefähr soviel wie: Höre weiter aufmerksam zu, du brauchst selbst nichts zu tun, aber wenn sich etwas regt, mußt du hellwach sein!
* »Rede, Herr, denn dein Diener hört!« Manchmal sagen wir, wenn wir ehrlich sind, im Leben oder im Gebet im Grunde das Umgekehrte: »Höre, Herr, dein Diener redet!« Vielleicht wäre jetzt in der Tat der Zeitpunkt da, intensiv zuzuhören, darauf zu horchen, welche Strömungen und Gegenströmungen in mir da sind.
* Es ist auch wichtig, einmal so konkret wie möglich zu benennen, wer oder was mir bei einem solchen Ruf (im kleinen wie im großen) im Wege steht und wo es Steine auf dem Weg gibt oder unnötiges Gepäck (»Ballast«).

4. Tag: Bildmeditation

Für diesen Tag legen wir Ihnen zwei Bilder zur Auswahl vor (siehe S. 84/85) und zwar zunächst ein Bild von Ernst Alt, das den Titel trägt »Um die vierte Nachwache«. Dabei handelt es sich um ein Bibelzitat aus der Geschichte, in der die Jünger auf dem See fahren und ein heftiger Sturm aufkommt. Zur Zeit »um die vierte Nachtwache« kommt Jesus über das Wasser auf sie zu. Das zweite Bild ist aus der heutigen Zeit. Es zeigt einen »Radiomaten«, einen Sender/Empfänger für Bild und Ton.
Entscheiden Sie sich für eines der beiden Bilder als Gegenstand für Ihre Betrachtungen an diesem Tag. Welche Gedanken und Gefühle weckt es in Ihnen bei längerer Betrachtung? Gibt es eine Verbindung mit Ihrem eigenen Leben? Was kommt für Sie auf diesem Bild zum Ausdruck?

5. Tag: Textmeditation: Maria Magdalena

Maria aber stand draußen vor dem Grab und weinte. Während sie weinte, beugte sie sich in die Grabkammer hinein. Da sah sie zwei Engel in weißen Gewändern sitzen, den einen dort, wo der Kopf, den anderen dort, wo die Füße des Leichnams Jesu gelegen hatten. Die Engel sagten zu ihr: Frau, warum weinst du? Sie antwortete ihnen: Man hat meinen Herrn weggenommen, und ich weiß nicht, wohin man ihn gelegt hat. Als sie das gesagt hatte, wandte sie sich um und sah Jesus dastehen, wußte aber nicht, daß es Jesus war. Jesus sagte zu ihr: Frau, warum weinst du? Wen suchst du? Sie meinte, es sei der Gärtner, und sagte zu ihm: Herr, wenn du ihn weggebracht hast, sag mir, wohin du ihn gelegt hast. Dann will ich ihn holen. Jesus sagte zu ihr:

Maria! Da wandte sie sich ihm zu und sagte auf hebräisch zu ihm: Rabbuni!, das heißt: Meister. Jesus sagte zu ihr: Halte mich nicht fest, denn ich bin noch nicht zum Vater hinaufgegangen. Geh aber zu meinen Brüdern und sag ihnen: Ich gehe hinauf zu meinem Vater und zu eurem Vater, zu meinem Gott und zu eurem Gott. Maria von Magdala ging zu den Jüngern und verkündete ihnen: Ich habe den Herrn gesehen. Und sie richtete aus, was er ihr gesagt hatte. (Joh 20,11–18)

Hilfen zur Textbetrachtung:

* Maria Magdalena steht draußen vor dem Grab. Etwas Ungeheuerliches ist geschehen, ihre große Hoffnung, ihre echte Liebe ist gestorben! Es ist einfach nicht zu fassen. Maria trauert, sie weint im Grunde nur noch, Tag und Nacht.
* Zunächst bleibt sie noch »draußen«: Sie kann sich einfach noch nicht auf das einlassen, was geschehen ist. Aber so langsam, mitten in ihrem Kummer, macht sie sich etwas kleiner, beugt sich herab und schaut etwas tiefer hinein: Was ist eigentlich passiert?
* Was sie sieht, ist nicht tot. In der »Grabkammer«, d.h. in dem, was sie innerlich wie äußerlich begraben hat, ist Leben! Da kündigt sich etwas an. Was sie sieht, das gleicht Schutzengeln, die am Kopf- und am Fußende (am Anfang und Ende, von A bis Z) stehen. Bedeutet das, daß alles, was scheinbar tot war, vielleicht doch noch einen Sinn hat, aufgehoben ist, beschützt ist, daß es vielleicht noch eine neue Lebenschance gibt, noch einmal alles völlig anders werden kann, von A bis Z?
* »Frau« – So spricht Gott (Gottes Bote) sie an. Ihre weiblichen Kräfte sind gefordert, ihr Gespür für das,

was weiter reicht als die scheinbar so nüchterne und harte Realität.

- »Man hat mir *meinen* Herrn weggenommen.« Sie hatte ihn (ihr Leben) gut im Griff, sie kannte ihn schon, er war der Ihre, fest und sicher. Und auf einmal ist er weg. Wie gern hätte sie ihn festgehalten, aber Maria muß lernen, loszulassen.
- »Man hat mir meinen Herrn weggenommen...« Man hat ihr etwas weggenommen, was sie ganz sicher bei sich zu haben wähnte. Mit diesem Bekenntnis und mit der Erkenntnis, daß sie alle Bilder, die sie sich von Gott, von ihrem Leben usw. gemacht hat, loslassen muß, kehrt sie sich um, das heißt, sie »bekehrt« sich. Sie sieht Jesus – aber eigenartig: Sie erkennt ihn (noch) nicht, obwohl er ihr doch so vertraut war wie kein anderer. Es muß ein völlig »anderer« Jesus sein, einer, den sie *so* noch nie gesehen hat. Und darin steckt Leben!
- Jesus wiederholt die Frage: Warum eigentlich weinst du? Wen suchst du denn nun wirklich? Wohin willst du nun? – Maria denkt immer noch, daß sie die Situation mit einfachen Erklärungen abtun kann: Der Gärtner. Das ist noch zu überblicken. Vielleicht kann er mir sagen, wo ich wiederfinden kann, was mir so innig vertraut war. Ich bin zu allem bereit, »ich will ihn holen«.
- Maria! Es geht um sie. Sie ganz persönlich wird angesprochen. Und wieder kehrt sie sich um. Eine Auffälligkeit: Sie kehrt sich zum zweiten Mal um, d.h., sie steht wieder in derselben Richtung wie am Anfang: Sie steht wieder in ihrem eigenen, »alltäglichen« Leben, aber alles hat sich verändert.
- So erkennt sie ihn, in ihrem eigenen Leben stehend. Sie hatte sich zum Meister gemacht über *ihren* Herrn, jetzt erkennt sie, was los ist: *Er* ist Meister über ihr Leben: Die Verhältnisse sind umgekehrt.

* »Halte mich nicht fest«, sagt Jesus. Er sagt gleichsam: Wenn du mich so festhältst, kann ich nicht das tun und bewirken, was wirklich geschehen muß.
* Das, was wirklich wichtig und entscheidend ist, kann man nicht greifen. Es geht nicht um das Festhalten, es geht darum, selbst in Bewegung zu kommen, zu seinen Brüdern zu gehen. Jesus hat Brüder, jetzt in diesem Leben: Dorthin bewege dich, werde selbst eine Schwester für seine Brüder!
* Maria ist die erste, die verstanden hat, was los ist Sie ist die erste, die es verkündet. »Ich habe *den* [nicht: *meinen*] Herrn gesehen.« Sie richtet aus, was er ihr gesagt hat: Nicht sie, sondern Er führt das Wort. Sie verkündet tatsächlich Gottes Wort, wird selbst zur Verkünderin, einfach, indem sie sich voll zu ihrem Leben bekehrt hat, d.h. zu Gottes Leben mit ihr.

Weitere geeignete Texte, zusätzlich oder als Alternative:
Ex 3,1–14: Die Berufung des Mose
Joh 4,1–26: Die samaritische Frau
Joh 21,15–23: Das Bekenntnis des Petrus

6. und 7. Tag: Erinnerungsübung: »Lebenstraum«

Für diese Übung haben wir zwei Tage reserviert, wobei wir davon ausgehen, daß Sie sie zeitlich selbst am besten einteilen können. Sie können die Übung in Teilschritten ausführen, Sie können sie sich aber auch, wenn Sie Zeit genug haben, zwei Tage hintereinander vornehmen.
Es geht an diesen beiden Tagen darum, sich an den Traum oder die Träume Ihres Lebens zu erinnern. Als

junger Mensch betrachtet man sein Leben anders als in späteren Jahren, wenn man z. B. eine Familie hat oder wenn man am Ende seiner Laufbahn steht. Zu jeder Zeit aber werden wir – bewußt oder unbewußt – von einem Lebensentwurf getragen und mitbestimmt. Viele kleinere und größere Entscheidungen sind davon abhängig, wie wir uns unser Leben vorstellen, erträumen. Versuchen Sie zunächst, sich den folgenden Fragen zu stellen:

(1) Erinnern Sie sich noch, wovon Sie früher träumten, wie es später einmal werden würde? Welche Vorstellungen von Ihrem Leben hatten Sie als junger Mensch, als junge(r) Erwachsene(r)?

(2) Wie sieht Ihr Lebenstraum heute aus?
Wenn Sie sich mit diesen Fragen beschäftigt haben, ist es gut, Ihrem »Lebenstraum« auch auf irgendeine Art Ausdruck zu verleihen. Dazu dienen die folgenden Anregungen:

(a) Sie können Ihren Lebenstraum zunächst einmal ganz direkt erzählen oder aufschreiben. Versuchen Sie sich dabei auch bewußt zu machen, was Sie bei Ihren Lebensträumen empfinden, von welchen Gefühlen Sie getragen wurden bzw. werden.

(b) Ein gutes Ausdrucksmittel ist z. B. auch eine Zeichnung oder eine Collage zu diesen Fragen.

(c) Eine dritte Alternative, die sich etwas von den oben genannten Fragen löst, wäre es, eine Zeichnung anzufertigen, auf der Sie symbolhaft Ihren bisherigen inneren Lebensweg ausdrücken – wohlgemerkt nicht in erster Linie von den Fakten her, sondern in der Perspektive dessen, was Sie sich von Ihrem Leben erträumt haben und jetzt erträumen.

Versuchen Sie, bei alldem anzugeben, wo Sie sich näher bei Gott erfahren und wo Sie sich weiter entfernt erfahren.

Wochenreflexion

In dieser Wochen haben wir nach einer grundsätzlichen Orientierung (»Das Boot auf dem See«) die ersten Regeln der »Unterscheidung der Geister« kennengelernt. Sie sollen helfen, sich im Leben (erneut) ein Ziel zu stecken, Teilziele zu formulieren und so in Bewegung zu kommen. In der nächsten Woche werden wir Sie noch etwas weiter in die »Unterscheidung« im Alltag heranführen.
Die rufende Stimme Gottes in Ihrem Leben ist auf diesem Wege vielleicht etwas klarer, etwas vernehmlicher geworden. Wir betonen noch einmal, daß es dabei keine letztendliche (rationale) Sicherheit gibt. Einzig die Sicherheit, mit der man an etwas glaubt, von etwas oder von jemandem überzeugt ist, kann darin leiten. Im Herzen liegt die Sicherheit des jungen Mannes/der jungen Frau, die »wissen«: Er bzw. sie ist mein Partner fürs Leben. Diese Art der Entscheidungssicherheit gibt einem keinen Wechsel auf die Zukunft, doch weiß man innerlich, worauf man sich eingelassen hat.
Der Lebensweg mit Gott ist (fast) nie geradlinig. Dennoch kann man im Leben schon einmal Momente oder Abschnitte erkennen, in denen man sich »auf dem richtigen Weg« befand. Diese Momente oder Abschnitte können ein Anhaltspunkt sein, eine Orientierungshilfe für den weiteren Weg in die Zukunft.

Besinnungsfragen:

- Was war für mich in dieser Woche am wichtigsten?
- Wenn ich nach dieser Woche an meine Zukunft denke – in welcher Perspektive fühle ich mich dann am glücklichsten?
- Habe ich Vorbilder auf meinem Weg?
- Wie kann ich meine Zielvorstellung (vorläufig) umschreiben?

– Welche Entscheidungen stehen für mich jetzt auf diesem Weg an?

Gebet zur fünften Woche

Warten. Auf mich.

Irgendwann kommt der Punkt,
da kann ich niemandem mehr
die Schuld an meinem Leben geben.
Da nehme ich es auf mich,
daß ich bin, wie ich bin.

Wenn ich immer nur suche
und nie zu finden wage,
dann laufe ich dir, Gott, vor die Füße,
bin »suchend« –
und ständig auf der Flucht.

Weggerannt bin ich,
aber nie ganz weg.
Müde bin ich geworden,
lebens-müde.
Aber immer blieb von dir noch was übrig.

An allen Ecken und Enden
habe ich dich gesucht –
und du
hast mich endlich gefunden.

VI. Die sechste Woche: Entscheidungen treffen

Hinführung: Verschiedene Arten von Entscheidungen

Täglich muß man sich entscheiden, muß man eine Wahl zwischen mehreren Möglichkeiten treffen. Es gibt Entscheidungen, die weniger wichtig sind; es gibt Entscheidungen, die sehr wichtig sind, weil sie eine ganze Reihe von Konsequenzen nach sich ziehen. Der Werdegang eines Menschen hängt in hohem Maße von seinen eigenen Entscheidungen ab; erst durch sie wird man ein wirklich erwachsener Mensch.

Eine Entscheidung hat immer mit einer Situation zu tun, in der ich mehrere Handlungsalternativen habe. Ich selbst kann bestimmen, welche Alternative ich wähle. Doch häufig bin ich zunächst unsicher oder ich fühle mich sogar zwischen den verschiedenen Möglichkeiten hin- und hergerissen.

Eine wichtige Voraussetzung, um Entscheidungen treffen zu können, ist, daß man überhaupt erst einmal die Ungelöstheit der Situation, den »Entscheidungsbedarf«, anerkennt, statt ihn zu leugnen, aufzuschieben, ihm auszuweichen. Diese unterschiedliche Beurteilung hängt vom Willen und der Persönlichkeit des Betroffenen ab.

Im folgenden unterscheiden wir vier Arten von Entscheidungen, wohl wissend, daß man sie nie völlig voneinander trennen kann und daß sie sich oft gegenseitig beeinflussen.

(1) Zufallsentscheidungen

Die Wahl einer bestimmten Alternative hängt von Zufälligkeiten ab: von der Stimmung, der Tageszeit, der Farbe der Gegenstände o.ä. Es sind ziemlich belanglose

Merkmale, die die Wahl entscheiden. Die Frage ist gleichsam: Sollen wir heute Erbsen oder Möhren essen? – Gestern hatten wir Erbsen, dann essen wir heute Möhren.
In vielen Fällen, bei denen wir in dieser Weise vorgehen, handelt es sich um weniger wichtige Dinge. Das ist nicht unbedingt so, es gibt auch Situationen, in denen (meist sogar bewußt) wichtige Entscheidungen durch das »Zufallsprinzip« getroffen werden, beispielsweise durch das Los.

(2) Impulsive Entscheidungen
Ein mehr oder weniger emotionaler Impuls setzt sich durch und gibt den Ausschlag bei der Entscheidung. Oftmals werden dabei wichtige Aspekte der Gesamtsituation übersehen oder einfach ausgeschaltet. Impulsive Entscheidungen treten in allen Lebensbereichen auf, z.B. beim Einkaufen, was sich die Werbung ganz gezielt zunutze macht. Ein völlig anderes Beispiel für eine impulsiv getroffene Entscheidung ist der Austritt aus der Kirche aus Wut über die Predigt eines Pfarrers.

(3) Normative Entscheidungen (»Wegweiser-Entscheidungen«)
Die Wahl einer bestimmten Alternative wird getroffen aufgrund der schon existierenden Werte und Normen, Einstellungen und Pläne des Betreffenden, die auf die jeweilige Situation angewandt werden. Voraussetzung für diese Art der Entscheidung ist, daß die jeweilige Person ein für sie gültiges Werte- und Normsystem anerkennt und sich zu eigen macht.

(4) Existentielle Entscheidungen
Diese Form der Entscheidung wird häufig »echte« Entscheidung genannt. Es handelt sich dabei um Situationen, in denen der Mensch nicht (oder nur in geringem

Maße) auf seine bestehenden Wertvorstellungen, Normen, Lebensregeln zurückgreifen kann, um die Uneindeutigkeit einer Situation zu beenden. Oftmals liegen verschiedene »gleich gute« oder »gleich schlechte« Alternativen vor. Der Betreffende findet in seinem Repertoire an Werten und Normen sowohl Argumente, die für etwas sprechen, als auch Argumente, die gegen etwas sprechen. Die Entscheidung steht mehr oder weniger 50:50, man muß sich neu orientieren, Informationen sammeln, Rat bei vertrauten oder kompetenten Personen einholen; man versucht, Abstand von der Situation zu gewinnen und aus der Distanz heraus zu einer Entscheidung zu finden. In der Phantasie werden Entscheidungen vorweggenommen und auf ihre Konsequenzen untersucht (»was wäre, wenn...«). Dabei wird überprüft, ob eine bestimmte Alternative »stimmig« wäre. Besonders bei dieser Art der Entscheidung spielt die »Unterscheidung der Geister« eine Rolle. Auf sie wollen wir uns im folgenden konzentrieren.

In der vergangenen Woche wurde für die Unterscheidung das Bild vom Boot auf dem See gebraucht. Wenn ich Kurs genommen, eine bestimmte Richtung oder ein Ziel gewählt habe, dann werde ich in konkreten Situationen, in denen sich verschiedene Richtungen, Wege, Verhaltensweisen anbieten, entscheiden müssen, was in meiner Richtung liegt und mit dem Ziel, das ich mir gesetzt habe, übereinstimmt und was nicht. Je mehr ich wachse in meinem Glauben (Vertrauen), in meiner Beziehung zu Gott, je mehr die Spiritualität (der »Geist«) des Evangeliums, der Liebe, verinnerlicht ist, desto leichter wird es mir fallen, in konkreten Situationen zu unterscheiden und die für mich richtige Wahl zu treffen.
Bei solchen existentiellen Entscheidungen, bei denen man zu einer Unterscheidung zu kommen sucht – oft

handelt es sich ja um »Weichenstellungen« fürs Leben – ist folgendes zu beachten:

(1) Eine letztendliche, rationale Sicherheit gibt es nicht.

(2) Wichtig ist es, eine *klare* Entscheidung zu treffen und auch wirklich dazu zu stehen. Das gilt ganz besonders dann, wenn es sich (wie oft in wichtigen Lebensfragen) um eine »51%-Entscheidung« handelt, d.h. wenn man mit fast ebensoviel Überzeugung eine andere Alternative hätte wählen können.

(3) Die Folgen einer solchen Entscheidung sollen in (möglichst vorher festgelegten) geregelten Abständen, z.B. nach drei Monaten oder einem Jahr, überprüft werden. Die vorherige Festlegung des Kontrollzeitpunkts verhindert, daß man in der Zwischenzeit ständig über die Richtigkeit der Entscheidung grübelt.

(4) Wichtige existentielle Entscheidungen sollte man auch mit einer (geistlichen) Vertrauensperson besprechen; gegebenenfalls ist es ratsam, sich für den Unterscheidungsprozeß für einige Zeit (z.B. eine Woche) zurückzuziehen (Retraite, Besinnungstage o.ä.).

In dieser Woche soll das Treffen von Entscheidungen auf verschiedenen Ebenen eingeübt werden. Der erste Tag ist dazu da, sich zunächst einmal bewußt machen, wie viele und welche Entscheidungen wir tagaus, tagein zu treffen haben. Eine Wiederholung dieser Übung unter anderen Aspekten soll den Bewußtwerdungsprozeß weiterführen und zu einer kritischen Betrachtungsweise anleiten. Eine Textmeditation am dritten Tag dient der Vertiefung, hier wird die grundsätzliche Lebensausrichtung angesprochen. Für den vierten Tag ist eine Übung vorgesehen, in der eine Entscheidungssituation der Gegenwart oder der Zukunft in Gedanken »durchgespielt« wird. Am fünften Tag führen wir Sie ein wenig weiter ein in die Regeln und Erfahrungswerte zur »Unterscheidung der Geister«. Die am nächsten Tag sich anschließende Textmeditation zeigt einen anderen Hintergrund, auf dem die Übung vom Vortag wiederholt werden soll. Der letzte Tag schließlich steht, ähnlich wie der dritte, im Zeichen einer grundsätzlichen Lebens- und Glaubensentscheidung. Die dort angebotene Textmeditation leitet über zur letzten Kurswoche, deren Thema das »Weitergehen« ist.

1. Tag: Tagesentscheidungen

Verschaffen Sie sich am Morgen einen Überblick darüber, was Sie am heutigen Tag zu den verschiedenen Tageszeiten tun werden: Was steht fest? Was ist ungewiß oder hängt von den Umständen ab? Was müssen Sie selbst entscheiden?
Wenn im Laufe des Tages Entscheidungssituationen auftreten, machen Sie sich bewußt: Welche Alternativen habe ich? Entscheide ich mich jetzt oder schiebe ich die Entscheidung auf? Lasse ich andere entscheiden? Welches Motiv ist für meine Entscheidung ausschlaggebend? Wie fühle ich mich nach der getroffenen Entscheidung?
Am Abend fragen Sie sich, was Ihre wichtigsten Erfahrungen am heutigen Tage im Zusammenhang mit Entscheidungen waren.

2. Tag: Kritische Hinterfragung

Als Impuls für den heutigen Tag nehmen Sie ein paar Fragen mit auf den Weg, die wie in der gestrigen Übung direkt mit Entscheidungssituationen zu tun haben. Am Abend versuchen Sie, die folgenden Fragen für sich zu beantworten.

- Bin ich zufrieden mit der Zahl der Entscheidungen, die ich getroffen habe? Treffe ich vielleicht zu viele oder zu wenige Entscheidungen bewußt?
- Bei welchen Entscheidungen waren andere beteiligt?
- Für wen haben die von mir getroffenen Entscheidungen konkrete Folgen?
- Habe ich die Entscheidungen, die ich getroffen habe, tatsächlich so getroffen oder treffen können, daß ich »voll« dahinterstehen kann?
- Welches sind die (übergeordneten) Prinzipien, nach denen ich mich entscheide?

3. Tag: Textmeditation: »Wem ich dienen will«

Nach so viel konkreter Reflexion ist es gut, den Bewußtwerdungsprozeß etwas ins Grundsätzliche zu vertiefen. In allen wichtigen Entscheidungen geht es immer um die Frage, wonach wir unser Leben ausrichten wollen, welchem »Herrn« wir »dienen« wollen.
Die Tage und die Zeiten unseres Lebens sind nicht gleich. Selbst wenn die äußerlich ablaufende Zeit gleichmäßig dahinzufließen scheint, wenn jeder Augenblick gleich wichtig zu sein scheint, wissen wir doch, daß es in unserem Leben Augenblicke gibt, die ungleich bedeutungsvoller sind als andere. Fast immer sind solche bedeutungsvollen Momente mit Entscheidungen verbunden, mit Grundsatzentscheidungen, Weichenstellungen. Da ist gleichsam der ganze Mensch mit all seinen Kräften, mit seiner Vergangenheit und Zukunft gegenwärtig. Es fallen Entscheidungen, es werden Tatsachen geschaffen, die das Leben danach für immer oder wenigstens für längere Zeit bestimmen.
Vor solch einen Moment der Entscheidung stellt Josua, der Nachfolger des Mose als Führer der Israeliten, das Volk: Heute habt ihr die Wahl, entscheidet euch, wem

ihr dienen wollt: den Göttern eurer Nachbarvölker oder dem Herrn, der uns aus Ägypten herausgeführt hat.
In eine solche Situation einer grundsätzlichen und radikalen Entscheidung, die für das Leben bestimmend ist, wird sich jeder Mensch früher oder später gestellt sehen. Es geht dabei nicht um eine Frage der Religionszugehörigkeit, sondern die Frage ist, in unseren Alltag übersetzt, welchem »Gott«, welchem Ziel ich grundsätzlich in meinem Leben diene.

Josua versammelte alle Stämme Israels in Sichem; er rief die Ältesten Israels, seine Oberhäupter, Richter und Listenführer zusammen, und sie traten vor Gott hin. Josua sagte zum ganzen Volk: Wenn es euch...nicht gefällt, dem Herrn zu dienen, dann entscheidet euch heute, wem ihr dienen wollt: den Göttern, denen eure Väter jenseits des Stroms dienten, oder den Göttern der Amoriter, in deren Land ihr wohnt. Ich aber und mein Haus, wir wollen dem Herrn dienen. Das Volk antwortete: Das sei uns fern, daß wir den Herrn verlassen und anderen Göttern dienen. Denn der Herr, unser Gott, war es, der uns und unsere Väter aus dem Sklavenhaus Ägypten herausgeführt hat und der vor unseren Augen alle die großen Wunder getan hat. Er hat uns beschützt auf dem ganzen Weg, den wir gegangen sind, und unter allen Völkern, durch deren Gebiet wir gezogen sind. Auch wir wollen dem Herrn dienen, denn er ist unser Gott.

(Jos 24,1–2a.15–17.18b)

Fragen für die Reflexion:

- Habe ich in meinem Leben schon einmal eine solch grundsätzliche Entscheidung getroffen? Was ist daraus geworden?
- Wem oder was diene ich in meinem Leben konkret?
- Wozu dient mein Leben?

4. Tag: Gedankenübung: Entscheidungen in der Gegenwart und der Zukunft

In welchen Entscheidungssituationen befinden Sie sich jetzt gerade? Es geht dabei um Situationen, kleine wie große, die jetzt oder in absehbarer Zeit eine Entscheidung erfordern. Wählen Sie für heute in Gedanken eine solche Situation aus.
Überlegen Sie, welche Alternativen Sie haben, welche Entscheidungshilfen; welches Ihre Beweggründe sind für die eine, welche für die andere Alternative. Versuchen Sie, innerlich still zu werden, in sich hineinzuhorchen und zu erkennen, was Sie selbst in Wahrheit in dieser Situation wollen.
Stellen Sie sich in Ihrer Phantasie vor, daß Sie sich für eine Alternative entschieden haben und die Entscheidung in die Praxis umsetzen würden. Fragen Sie sich dann: Wie fühle ich mich dabei, was möchte ich, was denke ich? Ist diese (in der Phantasie gefällte) Entscheidung für mich stimmig?

5. Tag: »Trost«: Weitere Einführung in die »Unterscheidung«

In der vorigen Woche haben wir gesehen, wie der gute und der schlechte Geist im Leben Einfluß nehmen. Wir betonen noch einmal, daß es sich dabei nicht um irgendwelche Phantome handelt, sondern um verschiedene Einflüsse, Bewegungen, die sich über konkrete Entscheidungen auf die Grundstimmung, die Grundhaltung im Leben auswirken, und daß es gilt, diese Einflüsse zu unterscheiden.
Eine Richtschnur für die Unterscheidung ist der »Trost« oder die »Tröstung«. Damit ist nicht ein Trostpflaster für zugefügtes Leid gemeint, sondern die innere

Freude, die man im Herzen empfindet, wenn man auf dem richtigen Weg ist, wenn die Gedanken klar werden, wenn sich Kräfte entfalten, wenn echte und offene Begeisterung geweckt wird. Dies alles gibt der Seele »Trost«, Freude. Das Gegenteil – dunkle Gedanken, die das Licht nicht ertragen, Eintrübungen – heißt »Trostlosigkeit«.
Fragen Sie sich also, wonach sich Ihr Herz wirklich sehnt, und überprüfen Sie ehrlich, ob Ihre Entscheidung in allen Aspekten das Tageslicht ertragen kann, d.h., daß es keine verborgenen Nebenziele mehr gibt, die Sie insgeheim damit verbinden. Bei grundsätzlichen und längerfristigen Entscheidungen ist es oft auch möglich, sie »zu Ende« zu denken, d.h. sie – ähnlich wie bei der gestrigen Übung – in ihren Konsequenzen gedanklich so weit durchzuziehen, daß man erkennt, ob sie in ihrem Wesen zum Leben führen (»Trost«) oder zu Leblosigkeit, Tod (»Trostlosigkeit«).
Lesen Sie am Morgen diesen Abschnitt noch einmal durch und versuchen Sie, an diesem Tag damit zu leben. Versuchen Sie, bei allem, was Sie tagsüber tun und entscheiden, ein wenig Gespür zu entwickeln für das, was wirklich »tröstet«, und das, was zur »Trostlosigkeit« führt. Am Abend können Sie – entsprechend diesem Kriterium – eine Aufstellung der Dinge machen und sich fragen: Was war dabei mein eigener Einfluß auf das Geschehen, welche Wirkung habe ich mit meiner Entscheidung erzielt?

6. Tag: Textmeditation: »Die ungleichen Söhne«

Die Textbetrachtung am heutigen Tag dient der Vertiefung. Sie können den Text zur Meditation nutzen; Sie können ihn aber auch als eine Stimme im Hintergrund aufnehmen und die gestrige Übung noch einmal wiederholen.

Jesus trug den Ältesten und Hohenpriestern ein Gleichnis vor und sagte:
Was meint ihr? Ein Mann hatte zwei Söhne. Er ging zum ersten und sagte: Mein Sohn, geh und arbeite heute im Weinberg! Er antwortete: Ja, Herr!, ging aber nicht. Da wandte er sich an den zweiten Sohn und sagte zu ihm dasselbe. Dieser antwortete: Ich will nicht. Später aber reute es ihn, und er ging doch. Wer von den beiden hat den Willen seines Vaters erfüllt? Sie antworteten: Der zweite. Da sagte Jesus zu ihnen: Amen, das sage ich euch: Zöllner und Dirnen gelangen eher in das Reich Gottes als ihr. Denn Johannes ist gekommen, um euch den Weg der Gerechtigkeit zu zeigen, und ihr habt ihm nicht geglaubt; aber die Zöllner und die Dirnen haben ihm geglaubt. Ihr habt es gesehen, und doch habt ihr nicht bereut und ihm nicht geglaubt. (Mt 21,28–32)

(Ein kurzer Hinweis zu diesem Text: Der Unterschied in diesem Gleichnis zwischen den Zöllnern und Dirnen einerseits und den Ältesten und Hohenpriestern andererseits ist der, daß die Erstgenannten zunächst die Botschaft Gottes ablehnen, sich aber später bekehren und sich somit wirklich darauf einlassen. Die Ältesten und Hohenpriester jedoch bejahen die Botschaft als geistliche Leiter des Volkes, sie lassen sich aber nur scheinbar darauf ein, sie bekehren sich nicht wirklich.)

Fragen für die Reflexion:

- Welchem der beiden Söhne ähnele ich am ehesten?
- Nach welchen Kriterien entscheide ich, ob ich »ja« oder »nein« sage?

- Gibt es in meinem Leben einen Unterschied zwischen »Sein« und »Schein«? Bin ich »echt« genug in meinem Auftreten?
- Stimmt meine Lebensführung konsequent mit meinen Grundentscheidungen überein?

7. Tag: Textmeditation: Ja oder Nein

Wir bieten Ihnen für heute zwei Texte zur Auswahl an. Beide thematisieren eine grundsätzliche Lebensentscheidung: Will ich mich wirklich auf einen neuen Anfang, einen neuen Weg einlassen? Welche Konsequenzen hat das innerlich wie äußerlich für mich? Was steht dem entgegen? Wo liegen meine eigenen Widerstände? Was wäre ein erster konkreter Schritt zu einem neuen Anfang?

[A] *Aus der Bergpredigt* (Mt 6,19–24):

Sammelt euch nicht Schätze hier auf der Erde, wo Motte und Wurm sie zerstören und wo Diebe einbrechen und sie stehlen, sondern sammelt euch Schätze im Himmel, wo weder Motte noch Wurm sie zerstören und keine Diebe einbrechen und sie stehlen. Denn wo dein Schatz ist, da ist auch dein Herz.
Das Auge gibt dem Körper Licht. Wenn dein Auge gesund ist, dann wird dein ganzer Körper hell sein. Wenn aber dein Auge krank ist, dann wird dein ganzer Körper finster sein. Wenn nun das Licht in dir Finsternis ist, wie groß muß dann die Finsternis sein!
Niemand kann zwei Herren dienen; er wird entweder den einen hassen und den andern lieben, oder er wird zu dem einen halten und den andern verachten. Ihr könnt nicht beiden dienen, Gott und dem Mammon.

[B] *Über Nachfolge* (Lk 9,23–26a):

Zu allen sagte er: Wer mein Jünger sein will, der verleugne sich selbst, nehme täglich sein Kreuz auf sich und folge mir nach. Denn wer sein Leben retten will, wird es verlieren; wer aber sein Leben um meinetwillen verliert, der wird es retten. Was nützt es einem Menschen, wenn er die ganze Welt gewinnt, dabei aber sich selbst verliert und Schaden nimmt? Denn wer sich meiner und meiner Worte schämt, dessen wird sich der Menschensohn schämen.

Wochenreflexion

Am Anfang der Woche haben wir Ihnen verschiedene Arten der Entscheidung vorgestellt, wobei wir das Schwergewicht auf die existentiellen Entscheidungen gelegt haben. Bei den Impulsen und Übungen ging es darum, Entscheidungsvorgänge bewußt zu machen und die Reflexion darauf zu vertiefen, so daß Raum geschaffen werden konnte für die »Unterscheidung der Geister«, bei der »Tröstung« und »Trostlosigkeit« als Kriterien eingeführt wurden. Bei der Textmeditation am letzten Tag klang das Thema einer grundsätzlichen Lebensentscheidung an.

Besinnungsfragen:

- Welche Entscheidungen habe ich in dieser Woche neu getroffen? Wie habe ich mich dabei gefühlt?
- Gab es in dieser Woche etwas, was mich besonders »getröstet«, d.h. mit Leben erfüllt hat?
- Worin lag meine größte »Trostlosigkeit«?
- Ich überschaue die Tagesreflexionen der vergangenen Woche noch einmal: Welche Frage bzw. welche

Entscheidung wird mich in der nächsten Zeit am meisten beschäftigen?

- Es gibt Fragen, auf die man direkt antworten kann und die damit zu einem Abschluß kommen. Bei existentiellen Fragen ist die Antwort nur schrittweise möglich. Nach jedem echten Schritt stellt sich dieselbe Frage (vielleicht anders formuliert) wieder neu. Was ist in meiner Frage der nächste Schritt?
- Gibt es Menschen, die mir in meinen Entscheidungen mit Rat und Tat zur Seite stehen können?

Gebet zur sechsten Woche

Der da.

Für dich, Gott, mich zu entscheiden,
ist keine Frage von ja oder nein.
Zwar frage ich, ob du meinen Hunger stillst,
ob ich leben kann mit dir,
auch, ob ich es darf
und ob du mich denn überhaupt willst.

Und wie soll das gehen?
Du bist ja nie da!
Muß ich mich ins Tiefe wagen,
darf ich nicht mehr am Rande stehen? –
Versuchen kann ich es nur Schritt für Schritt,
dahin zu gehen, wohin du mich lockst,
um *meinen* Weg zu gehen.

Und wer sagt mir denn,
wenn ich mich endlich – mein Gott! –
auf dich eingelassen habe,
daß es mir nicht ergeht wie dem, der da hing,
von dir und der Welt verlassen?

»Laß mich nicht hängen«, ruft der da mir zu,
»kümm're du dich um meine Menschen!«
Ich höre es und kann es einfach nicht fassen:
Sollte es tatsächlich dein Wille sein,
daß *ich* den da nicht hängenlasse?

Soll ich mitgehen mit dem da,
der gelebt hat, ein Mensch wie ich,
der gelacht hat, geheult und geheilt?
Der wollte nur Liebe
und Freiheit und Mut
und leben für dich, Gott,
bis zum Schluß.

Soll ich es wagen,
wegen dem da am Kreuz,
mein Leben für dich aufzunehmen?

Wenn es denn sein muß,
sei du dann mein Gott,
ab heute für immer.
ich will es wagen,
für dich zu leben
und mit dem da das Kreuz zu tragen.

VII. Die siebte Woche: Weitergehen

Hinführung: Entschieden leben

In dieser Woche geht es darum, den Prozeß, der in den vergangenen Wochen eingesetzt hat, auf eine gute Art fortzusetzen. Entscheidungen, die getroffen sind, sollen umgesetzt, konkrete Möglichkeiten und Hilfsmittel zur Fortsetzung des einmal begonnenen Prozesses erkannt und benannt werden.
Es wird einem jeden, der »mit Gott unterwegs« ist im Alltag und der nun am Ende des Kurses angelangt ist, klar sein, daß der bisher zurückgelegte Weg nur der Ansatz zu einer Bewegung ist, ein Schubs sozusagen, um den eigenen »Exodus«-Weg weiterzugehen und sich (immer wieder) auf die Suche nach dem »gelobten Land« zu machen.
Bevor es weitergeht, gilt es aber, zunächst den Ort, an dem man angekommen ist, ins Blickfeld zu nehmen, um von dort aus in die Richtung zu schauen, auf die man sich hinbewegen will, und die nächsten Schritte zu erwägen.
Dieser Standort kann für jede(n) anders sein; das Ziel, das man anvisiert, kann ein Nah- oder Fernziel sein. Bei allen Unterschieden wird es gleichwohl bei allen wesentlich um eine (vielleicht erneute) Grundentscheidung im Leben gehen: Wer oder was ist das Zentrum meines Lebens? Was ist meine Antwort auf die Frage nach seinem Sinn? Wofür setze ich mein weiteres Leben ein?
Es ist möglich, daß in den vergangenen Wochen eine neue Qualität in Ihr Leben gekommen ist, von der Sie sagen: Die möchte ich beibehalten. Die Frage wäre in dem Fall: Was kann bzw. muß ich tun, um diese neue

Lebensqualität zu erhalten und weiter auszubauen? Es kann auch sein, daß Ihnen durch die vielen Übungen klargeworden ist: Da gibt es noch ein dickes, ungelöstes Problem in meinem Leben, das mir den Zugang zu Gott verstellt und wo ich nach diesem Ansatz erst einmal dranbleiben will. Die Frage ist dann: Was kann ich dafür tun, welche Hilfen kann ich in Anspruch nehmen? Es kann sein, das Sie in diesen Wochen einen Aufbruch verspürt haben, dessen weiterer Verlauf für Sie noch völlig unklar ist. Die Frage wäre dann: Was kann ich tun, um diesen Aufbruch weiter fortzusetzen, welchen Halt finde ich dabei in meinem alltäglichen Leben?
Bei all diesen (oder ähnlichen) Überlegungen ist es gut, sich vor Augen zu halten, daß dieser Kurs jetzt aufhört, daß Sie vielleicht das eine oder andere noch einmal durchnehmen können, daß aber der Punkt kommt, an dem Sie selbständig, d. h. ohne direkte Anleitung, weitergehen müssen. Dabei bietet es sich an, bestehende Möglichkeiten und Angebote in Ihrer direkten Umgebung zu nutzen, vielleicht aber auch selbst kreativ zu Werke zu gehen und die Initiative zu etwas Neuem zu ergreifen. Dieses »Weitergehen« kann z. B. die Gestalt eines Engagements annehmen, indem Sie irgend etwas, das nach Ihrer Auffassung sinnvoll ist, tatkräftig unterstützen, sich an eine Gruppe, einen Kreis binden. Unsere Erfahrung in den Kursen zeigt, daß es wichtig ist, sich auf etwas Konkretes einzulassen, ein (vielleicht nur sehr kleines) Zeichen zu setzen, um den inneren Aufbruch zu markieren. Was innerlich geschieht, muß sich nach außen hin manifestieren, sonst ist das Risiko groß, daß man nach nicht allzu langer Zeit im luftleeren Raum steht. Die Übungen, die Sie in den vergangenen Wochen absolviert haben, sind solch ein kleines äußeres Zeichen des inneren Suchens gewesen. Wir wollen Sie jetzt darin unterstützen, selbst neue Wege zu gehen, weiterzugehen.

Bei der letzten Textmeditation in der vergangenen Woche wurde bereits ein Aspekt berührt, der bislang noch sehr wenig besprochen wurde, der aber in der Zukunft möglicherweise eine größere Rolle spielen wird: daß nämlich jede Entscheidung, zumal eine grundsätzliche Lebensentscheidung, andere Entscheidungen, andere Möglichkeiten ausschließt. Man kann tatsächlich von einer »Ent-*Scheidung*« sprechen. Zumal wenn sich innerlich erlebte Prozesse langsam nach außen hin manifestieren, wird nicht alles immer glatt ablaufen und ablaufen können. Es kann – im weitesten Sinne – zu Konflikten kommen. Werten Sie dies ruhig als ein positives Zeichen, denn ohne Konflikte gibt es keine Veränderung. Es wird sich dabei in den allermeisten Fällen nicht um gewaltsame Konflikte handeln, aber wenn Sie sich zu etwas entschlossen, ent*schieden*, haben, dann werden Sie in sich selbst und in steigendem Maße auch von außen (Gegen-)Strömungen erfahren. Den inneren Prozeß haben wir im Bild des Bootes auf dem See umrissen. Werten Sie die Konflikte wie Strömungen, die sich Ihnen widersetzen, die Sie aber auch wie in einer Stromschnelle in die richtige Richtung mitnehmen können. Wichtig ist, daß Sie sich damit auseinandersetzen, Konflikte angehen, darin unterscheiden und weitergehen.
Zunächst also werden wir versuchen, Bilanz zu ziehen, um den momentanen Standort in den Blick zu bekommen.

1. Tag: Die Ausgangsfrage

Am Ende der ersten Woche wurde die Frage gestellt: Mit welcher Frage möchten Sie sich in der kommenden Zeit am liebsten beschäftigen? Wir haben Sie gebeten, diese Frage so genau wie möglich zu formulieren.

Die Aufgabe für den heutigen Tag ist es, sich diese Frage erneut vorzunehmen und sich jetzt noch einmal in aller Ruhe damit zu beschäftigen. Versuchen Sie nicht, daran zu »arbeiten«; es geht nicht um eine Faktenbilanz, sondern um ein »Weiterwachsen«. Beginnen Sie mit der Körperentspannung und einem der Gebetstexte aus den vergangenen Wochen. Versuchen Sie, innerlich ganz still zu werden und dann Ihre eigene Fragestellung innerlich noch einmal anklingen zu lassen. Welches *Gefühl* hatten Sie damals, als Sie die Frage aufschrieben? Welches Gefühl haben Sie heute dabei? Hat sich Ihre Fragestellung im Laufe der Wochen verändert, erweitert oder zugespitzt? Haben Sie (Teil-)Antworten gefunden? Was hat Ihnen in den vergangenen Wochen dabei weitergeholfen?
Versuchen Sie bei der Reflexion am Abend, Ihre Fragestellung, Ihr »Thema« für die kommende Zeit zu formulieren.

2. Tag: Textmeditation »Aufbrechen«

In dem folgenden Gedicht wird versucht, das Thema des (inneren) Aufbruchs, eines neuen Starts im Leben zu durchleuchten. Was heißt »Aufbruch«? Wer oder was »bricht auf«? Was geschieht, wenn man sich auf den Weg macht? Jede Zeile dieses Gedichtes ist eine Art Anfrage an den Leser, die ihm zugleich auch die Richtung weist.
Lesen Sie dieses Gedicht Zeile für Zeile und lassen Sie es in Ruhe auf sich wirken. Unterstreichen Sie die Worte, die Sie besonders treffen, und versuchen Sie, sie für sich in Ihrer Lebenswelt konkret zu machen.

mach dich auf
geh deinen Weg
lasse los
verlasse
wage Neues
mach dich auf
öffne dich
laß dich durch-schauen
sei ein-sichtig
leg dich frei
brich auf
du findest Weggefährten
du findest Menschen
du findest Freunde
du findest dich
brich dich auf
den Stein in dir
den Fels in dir
den Granit in dir
das ICH in dir
mach dich auf
brich auf
liefere dich aus
verschenke dich

3. Tag: Einen Brief schreiben

Stellen Sie sich vor, Sie hätten die Möglichkeit, dem lieben Gott einen Brief zu schreiben. Was würden Sie ihm aus Ihrer jetzigen Situation heraus schreiben? Versuchen Sie heute, einen solchen Brief Schritt für Schritt durchzugehen:

* Ort und Datum: Dies ist mein Standort, hier und jetzt.

* Die Anrede: Wie spreche ich Gott jetzt am liebsten an?
* Die Einleitung: Was kann ich Gott einleitend aus den vergangenen Wochen berichten?
* Das (die) Anliegen: Was ist meine Frage, meine Bitte, mein Protest, mein Anliegen? Worauf will ich hinaus, was will ich erreichen?
* Abschluß: Wie verbleibe ich mit Gott? Können wir eine Verabredung treffen, wie es weitergehen soll?

Natürlich steht es Ihnen völlig frei, einen solchen Brief auch tatsächlich zu Papier zu bringen. In dem Falle wäre es vielleicht sogar überlegenswert, ihn tatsächlich »wegzuschicken«, ihn z. B. irgendwo zu hinterlegen, jemandem zu übergeben oder ihn symbolisch bei einer passenden Gelegenheit, z. B. bei einer liturgischen Feier, darzubieten.

4. Tag: Textmeditation »Abrams Aufbruch«

Der Herr sprach zu Abram: Zieh weg aus deinem Land, von deiner Verwandtschaft und aus deinem Vaterhaus in das Land, das ich dir zeigen werde. Ich werde dich zu einem großen Volk machen, dich segnen und deinen Namen groß machen. Ein Segen sollst du sein. Ich will segnen, die dich segnen; wer dich verwünscht, den will ich verfluchen. Durch dich sollen alle Geschlechter der Erde Segen erlangen. Da zog Abram weg, wie der Herr ihm gesagt hatte, und mit ihm ging auch Lot. Abram war fünfundsiebzig Jahre alt, als er aus Haran fortzog. Abram nahm seine Frau Sarai mit, seinen Neffen Lot und alle ihre Habe, die sie erworben hatten, und die Knechte und Mägde, die sie in Haran gewonnen hatten. Sie wanderten nach Kanaan aus und kamen dort an. Abram zog durch das Land bis zur Stätte von Sichem, bis zur Orakeleiche. Die Kanaaniter waren damals im Land. Der Herr erschien Abram und sprach: Deinen Nachkommen gebe ich dieses Land. Dort baute er dem Herrn, der ihm erschienen war, einen Altar. Von da brach er auf zum Bergland östlich von Bet-El und schlug sein Zelt so auf, daß er Bet-El im Westen und Ai im Osten hatte. Dort baute er dem Herrn einen Altar und rief den Namen des Herrn an. Dann zog Abram immer weiter, dem Negeb zu. (Gen 12,1–9)

Hilfen zur Textbetrachtung:

* Gott sagt nicht: Ich schicke dich nach Kanaan, sondern er schickt ihn »in das Land, das ich dir zeigen werde«. Abram weiß absolut nicht, wohin die Reise geht, er weiß nur, daß er sich aufmachen muß und daß er irgendwo ankommen wird, wo es Gott (und ihm) gefällt.
* Irgendwie hat Abram in seinem Leben das Signal verstanden, daß er aufbrechen muß, daß er sich losmachen muß aus allem, was ihn hält. Er weiß sich auf diesem Weg von Gott getragen, gesegnet – zu Hause bleiben ist keine gesegnete Alternative.
* Er zieht weg, ganz konkret, ganz materiell. Nicht alleine, er nimmt eine ganze Menge mit, nicht nur – wie sich später herausstellen wird – zu seinem Vorteil. Aber das ist jetzt egal, jetzt geht es erst einmal darum, sich auf den Weg zu machen.
* Er erkundet das Land Kanaan, er zieht hindurch und spürt: Hier werden wir einst leben; ich selbst wohl nicht, aber meine Kinder und Kindeskinder. Ich muß meinen Weg gehen, damit sie einst dort wohnen können. Es geht um viel mehr als um mich allein.
* Und es geht auch nicht einfach um ein Stück Land, sondern um etwas, wo man nach langer Reise ankommt, um etwas »Gelobtes«. Das kann man nicht

einfach eigenmächtig von heute auf morgen besetzen. Man muß den ganzen Weg gehen, damit irgendwann einmal ein Traum, ein von Gott gegebenes Versprechen, Wirklichkeit wird.

* Abram markiert seinen Weg, er baut dem Herrn einen Altar, und zwar da, wo er erfährt, auf dem richtigen Weg zu sein: ein Meilenstein, ein Punkt, hinter den man nicht mehr zurückfällt.
* Dann zieht Abram weiter, er steht nicht still; etwas zieht ihn an, er kann nicht ruhen, bis er es findet...

5. Tag: Eine Liste von Möglichkeiten

Wir legen Ihnen für heute (und für die kommende Zeit) eine Liste vor, die einige Möglichkeiten nennt, um mit Gott verbunden zu leben. Ebenso wichtig wie die Punkte, die hier aufgelistet sind, ist der Freiraum dahinter, der für Sie gedacht ist, damit Sie dort andere, von uns nicht genannte Punkte ergänzen. Diese Liste ist also einzig als eine Anregung zu verstehen, um Ihre eigene Liste zusammenzustellen. Die beiden Leitfragen dabei sind:

(a) Welche zusätzlichen Möglichkeiten kennen Sie?
(b) Welche Möglichkeiten kommen für Sie in Zukunft am ehesten in Frage?

1. Formen der Besinnung
* Meditation: täglich alleine/in einer Gruppe
* Besinnungstage: einmal im Jahr/ein Tag im Monat
* Kunst und Literatur: selbst betrachten (lesen)/Vorträge oder Lesungen
* regelmäßig in der Bibel lesen
* religiöse Bücher lesen
* selbst schreiben: Tagebuch o. ä.
* ...

2. Formen der geistlichen Kommunikation und des gemeinsamen Gebetes
* Glaubensgesprächskreis: gründen/sich anschließen
* Liturgie- oder Gebetskreis: liturgische Ausdrucksformen kennenlernen, entdecken
* Anschluß suchen bei einem Bibelkreis/einer religiösen Gemeinschaft
* Themen einbringen im Freundeskreis
* Geistliche Begleitung suchen
* Gottesdienstbesuch
* Sakramentenempfang
* ...

3. Christliches Leben im Alltag
* Glaubenskultur im eigenen Umfeld: eigene Gebetszeiten; Glaubenserziehung der Kinder; Tischgebet u. a.
* Ordnung in den Tagesablauf bringen und auf die eigene Zielsetzung im Leben hin überprüfen: Entspricht mein Tagesablauf dem, was ich in meinem Leben für wichtig halte?
* Bewahrung der Schöpfung, z. B. durch sparsamen Energieverbrauch zu Hause; weniger Auto fahren; Abfallvermeidung
* Hinterfragung der Konsumgewohnheiten: Einkauf; Ernährung; Fernsehen
* Glaubensschule durch Lektüre, Studium, Volkshochschule
* ...

4. Tätigkeiten, Engagements, Berufe
* Wahl eines sozialen oder kirchlichen Berufs
* Ehrenamtliche Tätigkeit im kirchlichen Bereich, z. B. Pfarrgemeinderat bzw. Presbyterium oder Kirchenvorstand; Besuchsdienst; Armenfürsorge; Jugendgruppen

* Ehrenamtliche Tätigkeit im allgemeinen sozialen Bereich, z. B. im Vereinsleben, Jugendgruppen
* Ehrenamtlicher Einsatz in Organisationen, z. B. Amnesty international/Greenpeace/KAB
* Politisches Engagement
* ...

6. Tag: Noch einmal die Liste

Nehmen Sie sich die Liste von gestern heute noch einmal vor und versuchen Sie dazu im Laufe des Tages die folgenden Fragen zu beantworten:

(a) Welche der genannten und der von mir hinzugefügten Möglichkeiten waren in meinem bisherigen Leben fruchtbar oder boten positive Ansätze?

(b) Welche Schwierigkeiten sind mit den genannten Möglichkeiten verbunden?

(c) Welche Möglichkeiten kommen für mich in Zukunft am ehesten in Frage?

7. Tag: Über Trost und Trostlosigkeit

Am letzten Tag dieser Exerzitien möchten wir noch einmal auf das Unterscheidungskriterium zurückkommen, das wir letzte Woche eingeführt haben: Gibt ein Vorhaben oder etwas, was ich tue oder erfahre, »Trost«, d. h. schafft es Lebensfreude, oder führt es zu »Trostlosigkeit«, zu Lebensverneinung? Es gibt Zeiten, in denen man innerlich wie äußerlich, gleichsam aus heiterem Himmel, Lebensfreude, »Trost« erfährt; ebenso gibt es Zeiten, in denen man aus unerklärlichen Gründen entmutigt und »trost-los« wird, in denen man nur zentimeterweise vorankommt. Dabei zeigt sich immer wieder, daß der augenscheinlich geringe Fortschritt, den

man in dunklen Zeiten macht, oft wichtiger ist als die Fortschritte in Zeiten, in denen es leicht vorangeht, daß die kleinen Schritte oft die notwendige Vorbereitung für die großen sind.
Eine wichtige Grundregel in diesem Zusammenhang ist: Lassen Sie sich in Zeiten der »Trostlosigkeit« nicht vom Kurs abbringen, sondern beherzigen Sie weiter das, was Sie sich in der Zeit der »Tröstung« vorgenommen haben. Wenn Sie einmal etwas nicht geschafft oder durchgehalten haben, dann nehmen Sie es ruhig wieder neu auf. Lassen Sie sich nicht in Panik bringen, es werden andere Zeiten kommen. Zeiten der Trostlosigkeit sind in sich nicht schlecht, sie sind Zeiten der Bewährung, vergleichbar mit der Freundschaft, die die Bewährung braucht, um zu wachsen und eine verläßliche Bindung zu werden.
Ein weiterer Punkt ist, daß wichtige Entscheidungen immer in Zeiten der »Tröstung« getroffen werden sollen, wobei jedoch jeweils noch zu untersuchen ist, ob es eine Zeit echter Lebensfreude/Tröstung ist oder ob sich diese Gestimmtheit nach einiger Zeit in Trostlosigkeit verkehrt.
Ein letzter Punkt: Wenn sich in einer bedrängten Situation ganz unerwartet und ohne erkennbaren Anlaß ein Ausweg eröffnet, sich eine Idee einstellt, die nachhaltig Lebensfreude im Herzen weckt, dann ist die Wahrscheinlichkeit groß, daß hier der gute Geist am Werke ist, auch dann, wenn es sich um unkonventionelle Wege handelt.
Versuchen sie heute, Ihre Zukunftspläne im Lichte der Unterscheidung von »Trost« und »Trostlosigkeit« kritisch zu betrachten. Erspüren Sie die Stimmung, die Ihr Vorhaben in Ihrem eigenen Innern erzeugt; schätzen Sie ab, was es bei anderen bewirkt.

Wochenreflexion

Wir haben in dieser Woche Bilanz gezogen und den Übergang markiert für die kommende Zeit. Vielleicht haben Sie etwas finden können, an das Sie sich für die Zukunft binden; vielleicht haben Sie »nur« ein Richtungsgefühl für Ihr Weitergehen entdeckt, vielleicht sind Sie aber auch zunächst einmal froh, daß die Anspannung, die dieser Übungsweg mit sich bringt, aufhört. Wir hoffen in jedem Fall, daß in Ihnen etwas an Zuversicht gewachsen ist, daß Sie »getröstet« weitergehen können. Vielleicht kann die eine oder andere Übung, das eine oder andere Gebet Sie auch mit in die Zukunft begleiten.
Wichtig ist, daß Sie eine Atmosphäre in Ihrem Leben schaffen, in der das, was angefangen wurde, weiterwachsen kann. Die Bibel spricht vom Korn, das in die Erde gesenkt wird und über Nacht weiterwächst. Es ist eine Kunst, es wachsen zu lassen, es nicht eigenmächtig herauszuziehen, sondern zu pflegen. In diesem Sinn ging es in den letzten Wochen um »Pflegemaßnahmen«.

Besinnungsfragen:

- Will ich weitergehen? Mit wem? Wohin?
- Was kann konkret dazu beitragen, daß eine Atmosphäre, ein Klima, entsteht, in dem »Wachstum« möglich ist?
- Habe ich in den vergangenen Wochen in meinem Umfeld Menschen entdeckt oder an Menschen gedacht, mit denen ich mich in dem, was ich in diesem Kurs gelesen und erlebt habe, verwandt fühle?
- Gibt es für mich Möglichkeiten der persönlichen Begleitung, so daß ich in der »Unterscheidung der Geister« nicht alleine stehe?

- Habe ich in den vergangenen Wochen etwas erlebt, wofür ich dankbar bin? Wenn ja: Wie kann ich dieser Dankbarkeit in einem Satz und in einem kleinen Zeichen einen konkreten Ausdruck verleihen?

Gebet zur siebten Woche

Darum vertraue ich dir

Du hast uns nicht gefragt, ob wir etwas erreicht haben,
ob Schuld uns bedrückt oder Schwäche uns fesselt:
Fassungslos stehen wir da, weil du es mit uns wagst.
Du läßt dich auf uns ein
und unsere Herzen klopfen.

Immer wieder hast du uns
aus Versklavung zurückgeholt,
hast uns Freiheit gelehrt,
wo wir uns rückwärts wandten.
Einfach so, ohne Grund, gabst du uns freies Geleit,
du hast nur gehofft, daß wir uns nicht wehrten.

Während wir noch rastlos umherirrten,
hast du uns gesucht und gefunden.
Du hast das Eis in uns tauen lassen
und hast unsere Wunden verbunden.

So hast du uns hierher geführt,
in heftigem Streit dir zugetan,
in unseren Herzen ein Feuer entfacht
und langsam unseren Eigensinn
aus der Verstarrung gelöst.

Einmal für immer hast du uns einen Bruder gegeben,
Gott wie du, war er Mensch wie wir.
Er lebte die Liebe bis in den Tod –
und wir können leben so wie er.

Darum vertraue ich dir:
Du hast mich berührt, und ich ließ es zu.
Alles, was dein ist, gabst du mir,
um dir zu folgen,
Liebe,
Du.

Anmerkungen

[1] Bei Begleitgesprächen läßt sich nicht immer genau am Ende einer Woche ein Termin finden. Wir raten jedoch dazu, das Begleitgespräch nicht allzu lange hinauszuzögern und vielleicht schon nach wenigen Tagen in der ersten Woche zu halten, da auch erst einmal ein Grundvertrauen aufgebaut werden muß.

[2] Das griechische Wort »krisis« bedeutet wörtlich »Scheidung«; in der Metapher des Lebensweges könnte man also von Weg-Scheidungen, Scheidewegen, »Ent-scheidungen« sprechen.

[3] Vgl. dazu auch K. Johne, Geistlicher Übungsweg für den Alltag, Graz/Wien/Köln [3]1993, S. 113ff

[4] Jakob ist ein anderer Name für Israel, das gesamte Gottesvolk.

[5] Wörtlich übersetzt: »Jesus sah ihn an, er liebte ihn und er sagte zu ihm...« Man könnte auch übersetzten: »Jesus sah ihn liebevoll an und sagte zu ihm...«.

Bildnachweis

S. 32/33 Jochen Jülicher
S. 52 Werner Juza
S. 84 Ernst Alt
S. 85 Werner H. Müller

Textquellen

S. 109 Aus: P. Boekholt/L. Saurbier, Augen-Blicke. Texte für junge Leute. Don Bosco Verlag, München.